MAK & WIEN
PRESTEL MUSEUMSFÜHRER

Herausgegeben von Peter Noever

Herausgeber: Peter Noever

Gesamtkoordination: Thomas Gratt, Martina Kandeler-Fritsch, Johannes Wieninger
Redaktion: Martina Kandeler-Fritsch, Johannes Wieninger
Redaktionsassistenz: Julia König
Lektorat: Evelyn Fertl
Grafik: Perndl+Co
Gesamtherstellung: Prestel Verlag

Prestel Verlag
Königinstraße 9
D-80539 München
Tel. (+49-89) 381 70 90
Fax (+49-89) 381 70 935
E-Mail: info@prestel.de
www.prestel.de

Die Deutsche Bibliothek verzeichnet diese Publikation in der Deutschen Nationalbibliografie; detaillierte bibliografische Daten sind im Internet über http://dnb.ddb.de abrufbar

ISBN 3-7913-2836-0
Printed in Germany

MAK
Stubenring 5
A-1010 Wien
Tel. (+43-1) 711 36-0
Fax (+43-1) 713 10 26
E-Mail: office@MAK.at
www.MAK.at

MAK Center for Art and Architecture, Los Angeles
Schindler House
835 North Kings Road
West Hollywood, CA 90069
Tel. (+1-323) 651 1510
Fax (+1-323) 651 2340
E-Mail: MAKcenter@earthlink.net
www.MAKcenter.com

INHALT

4

Peter Noever im Case Study House #22 (Pierre Koenig, 1959)
Los Angeles, 2002

MISSION STATEMENT

Das MAK ist ein Ort der KUNST. Oftmals entsteht sie hier; den Vorstellungen des Künstlers bzw. den Intentionen des Kunstwerkes wird Rechnung getragen; wenn notwendig, wird sie verteidigt. Die Unabhängigkeit des Museums ist heute mehr denn je die eigentliche Herausforderung!

Das MAK ist eine zentrale Schnittstelle globaler Kommunikation. So stellt das MAK Center for Art and Architecture in Los Angeles[1] mit dem MAK Artists and Architects-in-Residence Program eine intensive Auseinandersetzung mit zeitgenössischen Kunst- und Architekturströmungen dar.

Das MAK verfügt über eine einzigartige Sammlung von angewandter und zeitgenössischer Kunst. Zugleich ist es ein Ort wissenschaftlicher Forschung zu allen Fragen der Produktion, Vermittlung, Erhaltung und Neuorientierung von Kunst.

Mit dem Projekt CAT (Contemporary Art Tower) soll aus dem Gefechtsturm im Arenbergpark Wien das Internationale Zentrum für zeitgenössische Kunst entstehen. Dieses „Mahnmal der Barbarei" in seiner einzigartigen Verbindung mit avantgardistischer Architektur und richtungsweisendem Programm wird der für Wien unerlässliche Ort zeitgenössischer Kunst.

Im öffentlichen Raum ist das MAK mit zeitgenössischer Kunst und Architektur in vielfältiger Form präsent: „Stage Set" von Donald Judd, das „Wiener Trio" von Philip Johnson, die „Vier Lemurenköpfe" von Franz West, „the other horizon/Skyspace" von James Turrell in Wien sowie „METRO-Net Ventilation Shaft" von Martin Kippenberger in Los Angeles.

1864 als k.k. Österreichisches Museum für Kunst und Industrie gegründet, ist es seither eine vitale Institution zwischen Praxis und Lehre,

Kunst und Industrie, Produktion und Reproduktion. Ursprünglich ein Bestandteil des Museums, entwickelte sich die Kunstgewerbeschule in der Folge zu einer selbständigen Institution, der heutigen Universität für angewandte Kunst.

Gleichzeitig mit dem Umbau wurde 1986 das Markenzeichen MAK etabliert und entsprechend einem risikofreudigen, unbürokratischen Denken eine grundlegende Neudefinition eingeleitet. Im Zuge dessen wurde die ursprüngliche Ausrichtung verstärkt und zugleich radikal erweitert: Die Intervention der Künstler selbst schafft die Verhältnisse. Das MAK versteht sich als Laboratorium der künstlerischen Produktion und als Forschungsstätte der gesellschaftlichen Erkenntnis. Hier wird heute das entwickelt, worauf das Morgen sich gründet.

Es wurden neue Strategien zur Präsentation entwickelt. Mit der Neuaufstellung der Schausammlung konnte Bewahrenswertes in einem vorbildlosen Zusammenspiel von künstlerischem Erbe und zeitgenössischen sowie baulichen Interventionen von Künstlern wie Barbara Bloom, Eichinger oder Knechtl, Günther Förg, Gangart, Franz Graf, Jenny Holzer, Donald Judd, Peter Noever, Manfred Wakolbinger, Heimo Zobernig, Sepp Müller, Hermann Czech und James Wines/SITE in Szene gesetzt werden.

Kunst ist eine Investition in die Zukunft der Gesellschaft. Das Museum ist der ultimative Übersetzungsapparat, der die Produktionen Einzelner über Generationen und Grenzen hinweg in die Gegenwart und Zukunft zu vermitteln vermag. Es fungiert kraft seiner Verbindung zum Gewesenen als Projektionsfläche und utopischer Antizipationsmechanismus. Darin artikuliert es die mögliche Alternative zur Kapitulation vor dem Geschäftsmodell der Unterhaltungsindustrie und dem Lebensmodell der Erlebnis- und Abenteuergesellschaft.

Das Museum hat seine Funktion als Ort der Erkenntnis frei von äußeren Einflüssen wahrzunehmen und weiter zu entwickeln, indem es den Diskurs über die Formen menschlicher Wahrnehmung vorantreibt. Da es entlang der Grenzen navigiert, die Kunst und Erkenntnis von den unzähligen modischen Formen von Konsum, Unterhaltung und Erlebnis trennt, ist es durch die Artikulation qualitativer Bewertungskriterien zentrales Forum des Widerstands gegen den Bedeutungsverlust im Zuge der verallgemeinerten Beliebigkeit.

Das bestimmt die unverrückbare Position des MAK.

Peter Noever
C.E.O. und künstlerischer Leiter MAK

[1] Schindler House, Wohnhaus von R. M. Schindler und Clyde Chase (1921–22), 835 North Kings Road, West Hollywood, und Mackey Apartment House (R. M. Schindler 1939), 1137 South Cochran Avenue, Los Angeles.

DIE GESCHICHTE DES HAUSES

DIE GESCHICHTE DES HAUSES

1863 Nach langjährigen Bemühungen Rudolf von Eitelbergers beschließt Kaiser Franz Josef am 7. März auf Initiative seines Bruders Erzherzog Rainer, dem Vorbild des 1852 gegründeten South Kensington Museums (heute Victoria & Albert Museum) folgend, die Gründung des „k. k. Österreichischen Museums für Kunst und Industrie" und bestellt Rudolf von Eitelberger, erster Professor für Kunstgeschichte an der Universität Wien, zum Direktor. Das Museum soll als Vorbildersammlung für Künstler, Industrielle und Publikum und als Aus- und Weiterbildungsstätte für Entwerfer und Handwerker dienen.

1864 Am 12. Mai wird das Museum im Ballhaus der Hofburg eröffnet.

1865 –
1897 Die vom Museum herausgegebene Zeitschrift „Mittheilungen des k. k. Österreichischen Museums für Kunst und Industrie" erscheint.

1867 Mit der Gründung der Kunstgewerbeschule sind theoretische und praktische Ausbildung vereint.

1871 Die Eröffnung des Neubaus am Stubenring findet nach dreijähriger Bauzeit am 15. November statt. Nach Plänen von Heinrich von Ferstel im Renaissancestil erbaut, ist es der erste am Ring errichtete Museumsbau. Im neuen Gebäude können die Objekte permanent und nach Materialschwerpunkten gegliedert aufgestellt werden. Auch die Kunstgewerbeschule zieht ins Haus am Stubenring.

1873 Weltausstellung in Wien.

1877 Der an das Museum angrenzende Neubau der Kunstgewerbeschule (Stubenring 3), ebenfalls von Ferstel geplant, wird eröffnet.

1897 Arthur von Scala, bis dahin Direktor des k. k. Orientalischen Museums (später Handelsmuseum), übernimmt die Leitung des Museums für Kunst und Industrie. Scala gewinnt Otto Wagner, Felician von Myrbach, Koloman Moser, Josef Hoffmann und

Alfred Roller als Mitarbeiter des Museums und der Kunstgewerbeschule.

1898 In Folge der Auseinandersetzungen zwischen Scala und dem Kunstgewerbeverein (1884 gegründet), der seinen Einfluss auf das Museum schwinden sieht, legt Erzherzog Rainer sein Amt als Protektor nieder und neue Statuten werden verfasst.
Von 1898 bis 1921 erscheint die neue Museumszeitschrift „Kunst und Kunsthandwerk", die bald internationalen Ruf erlangt.

1900 Administration von Museum und Kunstgewerbeschule werden getrennt.

1907 Das Museum für Kunst und Industrie übernimmt den Großteil der Sammlung des k. k. Österreichischen Handelsmuseums.

1909 Trennung von Kunstgewerbeschule und Museum.
Nach dreijähriger Bauzeit wird der nach Plänen von Ludwig Baumann errichtete Erweiterungsbau des Museums in der Weiskirchnerstraße eröffnet.

1919 Nach Gründung der ersten Republik kommt es zu Zuweisungen von ehemals habsburgischem Besitz an das Museum, z. B. von orientalischen Teppichen.

1936 u. Im Austausch mit dem Kunsthistorischen Museum gibt das
1940 Museum am Stubenring einen Teil der Skulpturen und die Antikensammlung ab und übernimmt kunstgewerbliche Bestände der Sammlung Figdor und des Kunsthistorischen Museums.

1938 Nach dem Anschluss Österreichs an das nationalsozialistische Deutsche Reich wird das Museum in „Staatliches Kunstgewerbemuseum in Wien" umbenannt.

1939 – Die Museen übernehmen zahlreiche private beschlagnahmte
1945 Sammlungen. Auch die Sammlungen des „Staatlichen Kunstgewerbemuseums in Wien" vergrößern sich auf diese Weise. Seit 1998 können aufgrund der Provenienzforschung zahlreiche Sammlungen zurückgegeben werden.

1947 Das „Staatliche Kunstgewerbemuseum in Wien" wird in „Österreichisches Museum für angewandte Kunst" umbenannt.

1949 Wiedereröffnung des Museums nach Behebung der Kriegsschäden.

1955 – Das Museum gibt die Zeitschrift „alte und moderne kunst"
1985 heraus.

1965 Das Geymüllerschlössel wird Außenstelle des Museums.

1986 Peter Noever wird zum Direktor bestellt.
Beginn der Sammlung Gegenwartskunst.

1989 Beginn der Generalsanierung der alten Gebäude und Bau eines zweigeschoßigen Tiefspeichers. Ein großzügiges Depot für die Sammlung und zusätzliche Ausstellungsflächen entstehen.

1993 Das Museum eröffnet nach dem Umbau mit von Künstlern gestalteten Schausälen. Das Gebäude in der Weiskirchnerstraße ist wechselnden Ausstellungen vorbehalten. Die Säle am Stubenring beherbergen die permanente Schausammlung, die Studiensammlung und die MAK-Galerie.

Kunst & Österreich? Der Herausforderung eine Chance.
Peter Noever Jahrespressekonferenz, 1.2.2002

1994   Der Gefechtsturm Arenbergpark wird Außenstelle des MAK.

1995   Das MAK gründet die Außenstelle MAK Center for Art and Architecture in Los Angeles, im Rudolph M. Schindler House und im Pearl M. Mackey House.

2000   Das Museum wird wissenschaftliche Anstalt öffentlichen Rechts.

2001–   Das Projekt CAT (Contemporary Art Tower) wird nach New
2002   York, Los Angeles, Moskau und Berlin in Wien vorgestellt.

WINNER OF THE COUNCIL OF EUROPE STRASBOURG MUSEUM PRIZE 1996

Peter Noever, MAK-Terrassenplateau im Garten
1991– 93

James Wines / SITE, Tor zum Ring
1992

Walter Pichler, Tor zum Garten
1990

Sepp Müller, Verbindungstrakt
1991

DIE SCHAUSAMMLUNG

DIE KÜNSTLERISCHEN INTERVENTIONEN

Die Aufstellung der Schauräume im MAK ist aufgrund der Entscheidung, diese Säle von Künstlern gestalten zu lassen, ein bestimmendes Experiment bei der Identitätssuche des Museums. Hier ist zum ersten Mal in diesem Bereich sinnlich zu erfahren, was mit dem fruchtbaren Aufeinanderprallen von traditionellem Bestand und aktuellen Kunstströmungen gemeint sein kann. Es wurden bewusst keine Architekten mit der Gestaltung betraut. Die Hoffnung war, dass die verschiedenen Künstlerpersönlichkeiten unterschiedliche Standpunkte und Blickwinkel zu den Sammlungselementen einnehmen und sie so aktuell neu lesbar machen würden, dass sie unsere Augen und Sinne mit ihrer spezifischen Sensibilität und Durchdringung des Materials schulen würden.

Da es keine „verbindliche" Präsentation von Kunstobjekten im Museum geben kann, jede Präsentationsform somit auch Interpretation und Bewertung ist, hat das Museum also die Sichtweise von bedeutenden zeitgenössischen Künstlern gewählt, die in intensiver Zusammenarbeit und langen Diskussionen mit den Kuratoren die Aufstellung der Schausammlung realisiert haben.

Die Räume der Schausammlung folgen einem chronologischen Ordnungsprinzip. Es besteht jedoch nicht die Absicht, die einzelnen Stilepochen möglichst komplett mit Objekten „abzudecken", sondern vorzugsweise „Highlights" des Museums, besonders interessante und einmalige Exponate der Sammlung zu präsentieren. (In der Studiensammlung wird hingegen die alte Museumsordnung nach Material in einer dichten, seriellen Präsentationsform beibehalten.) Die Künstler haben für „ihre" Räume die verschiedensten Lösungen gefunden. Sie arbeiteten mit Farben, speziellen Lichtinszenierungen, elektronischen Sprachbändern und Texten, besonderen Vitrinen, Einfassungen, Podesten und speziellen Verfremdungen. Auffallend ist, dass sie zwar unverkennbar ihre persönlichen Strategien weitergeführt haben, aber doch die Aufgabe mit einem solchen Respekt und Verständnis für die Objekte ausgeführt haben, dass die Zurschaustellung der ausgewählten Objekte immer vorrangige Motivation war und der Verdacht der Selbstinszenierung gar nicht erst aufkommt. Man muss sich diesen Räumen selbst aussetzen und für sich entscheiden, ob sich diese Strategie bewährt hat, ob die künstlerischen Interventionen noch eine zusätzliche Ebene der aktuellen Interpretation liefern, ob sie zur angestrebten Komplexität und Vielschichtigkeit der Museumssituation beitragen. Die Künstler haben sich mehr oder weniger enthusiastisch der ungewohnten

Aufgabe gestellt und während der Arbeit durchaus auch Perioden der Frustration durchlebt. So zieht Donald Judd das Fazit, dass das Dubsky-Zimmer doch besser im Keller untergebracht wäre, auch deswegen, weil er Schwierigkeiten mit jeder Art von Museumsinstallation hat, und Barbara Bloom nähert sich dem Sakrileg, wenn sie die Bugholzmöbel, deren serielle, fast minimalistische Variationen sie sichtbar macht, in einem Atemzug mit IKEA-Möbeln nennt. Es hat auch sonst um die Räume schon zahlreiche Diskussionen gegeben. Aber etwas Besseres könnte dem Museum nicht widerfahren, als dass es eine radikal und kompetent geführte Debatte um das Zusammenspiel von Alt und Neu, um die Aktualisierung alter, traditionsbeladener Räume und die Arbeitsweisen von zeitgenössischen Künstlern auslöst. / Peter Noever

Vitrinen: Mathis Esterhazy

GÜNTHER FÖRG
Kuratorin: Angela Völker

Als das MAK mich bat, die Einrichtung des Saales für Romanik, Gotik, Renaissance vorzunehmen, kam für mich nur eine Lösung in Frage, die unsere heutige Zeit mit der Vergangenheit verbindet. Bei den ausgestellten Stücken handelt es sich um den Gösser Ornat, verschiedene Majolika aus der Renaissance sowie einige Möbelstücke. Beinahe alle Stücke müssen aus konservatorischen Gründen in Vitrinen präsentiert werden. Die Konzeption der Gestaltung basiert auf zwei direkten Eingriffen: zum ersten eine farbige Fassung der Wände, zum zweiten eine Neugestaltung von Vitrinen. Zunächst musste eine Verbindung zwischen der zarten Farbigkeit des Gösser Ornats, den kräftigen unverblassten Farben der Majoliken – hier dominieren Ultramarinblau und Ockertöne – sowie der Deckenbemalung des Saales hergestellt werden. Ich entschied mich für ein helles Kobaltblau, das eine gewisse Feierlichkeit erzeugt, aber auch in einer Disharmonie zur Deckenbemalung steht. Die Gestaltung der Vitrinen erfolgte mit Mathis Esterhazy. Hier war das Ziel, eine klassische Vitrine zu finden, in der aber trotzdem unsere heutige Zeit ablesbar ist. Die Objekte werden, wie z. B. beim Gösser Ornat, in einem natürlichen Faltenwurf, bei den Reisesekretären auf einer natürlichen Höhe gezeigt. / Günther Förg

Mittelalterliches Kunsthandwerk hat sich oft in Kirchen und Klöstern erhalten, von wo es gelegentlich in Museen gelangte. So auch die bedeutendsten romanischen Werke des Museums, der einzige vollständig erhaltene Ornat des Mittelalters aus Kloster Göss und der Admonter Faltstuhl. Spezifische, regionale Eigenarten und das oft lange Weiterleben stilistischer Charakteristika im Kunstgewerbe sollen Möbel und Keramik des 15. und 16. Jahrhunderts aus Nord- und Südeuropa illustrieren. Österreichisches Kunsthandwerk des 15. Jahrhunderts gilt noch als gotisch. Während die Renaissance im ersten Viertel des 15. Jahrhunderts in Italien beginnt, ist ihr Einfluss nördlich der Alpen erst seit der zweiten Jahrhunderthälfte zu spüren und dauert bis über das 16. Jahrhundert hinaus, wie der reich intarsierte Kabinettschrank aus Augsburg und die bemalte Tischplatte aus Schwaben deutlich machen. Auf italienischen Majolikagefäßen wurden dekorative Motive, antikisierende Grotesken und Ornamente, Landschaften und Figuren der Hochrenaissance adäquat in ein anderes Medium übertragen. Die szenischen Darstellungen sind von besonderer Qualität. / Angela Völker

Antependium
Leinen, Seidenstickerei
Inv. Nr. T 6902/1908
Darstellungen in den Medaillons: Verkündigung an Maria, Thronende Maria
mit Kind, die Heiligen drei Könige. Links unten neben dem Mittelmedaillon:
Kunigunde, die Stifterin des Ornates, rechts davon die heilige Adala,
Stifterin des Klosters Göss, mit einem Modell der Kirche.

Ornat aus Kloster Göss
Göss (Steiermark), Mitte 13. Jahrhundert
Leinen, Seidenstickerei
Inv. Nr. T 6902–6906, erworben 1908, aus Kloster Göss

Die Textilsammlung des Museums verfügt über einen sehr reichen Bestand an mittel-
alterlichen liturgischen Textilien. Unter diesen ist der Ornat aus dem Benediktiner-
innenkloster Göss der bedeutendste, ist er doch das einzige aus so früher Zeit – um
1260 – erhaltene Ensemble kirchlicher Gewänder: Kasel und Pluviale trug der Priester,
Dalmatik und Tunika Diakon und Subdiakon, das Antependium verkleidete die Altar-
mensa. An der technischen, farblichen und stilistischen Einheitlichkeit der Seidenstickerei, die das einfache Leinen gänzlich bedeckt, ist die Zusammengehörigkeit der
Ornatteile leicht zu erkennen. Teilweise gravierende Änderungen im Laufe der Jahrhunderte, aber auch die freie Form der ornamentalen Dekoration lassen den Ornat
heute besonders bunt und ungewöhnlich dekorativ erscheinen. Kunigunde, 1239 bis
1269 Äbtissin des Klosters Göss, stiftete den Ornat und fertigte ihn zusammen mit
anderen Kanonissinnen an. Bilder und Schriftbänder auf Antependium, Kasel, Pluviale
und Dalmatik dokumentieren diese für das Mittelalter durchaus ungewöhnliche
Vorgangsweise. Die szenischen Darstellungen in den Medaillons konzipierte wahrscheinlich ein Maler mit Tusche auf dem Leinen, die Nonnen stickten sie dann mit
bunter Seide in verschiedenen Sticharten aus. Heute kann man die ursprünglich ver-
deckten Vorzeichnungen an beschädigten Stellen gut erkennen. Die Ornamente und
Muster hingegen entstanden ohne ein genaues Konzept, wodurch ihre unorthodoxe
Verteilung verständlich wird.

Pluviale
Leinen, Seidenstickerei
Inv. Nr. T 6903/1908
Darstellungen in den Medaillons: Maria stillt das Christuskind, umgeben von
den vier Evangelistensymbolen: Adler (Johannes), Engel (Matthäus), Löwe (Markus),
Rind (Lukas). Unterhalb des großen Medaillons: Kunigunde mit einer Nonne,
ursprünglich aus der Kasel.

Kasel
Leinen, Seidenstickerei
Inv. Nr. T 6904/1908
Die Kasel bestand wie das Pluviale ursprünglich aus einem Halbkreis, der allerdings vorne geschlossen und überstickt war. Die heutige, sehr reduzierte Form stammt frühestens aus dem 16. Jahrhundert. Rückseite: Thronender Christus mit den vier Evangelistensymbolen, darunter neun Engel in drei Reihen Rundbogenarkaden. Vorderseite: Kreuzigung, darunter acht Apostel in zwei Reihen Rundbogenarkaden analog den Engeln auf der Rückseite.

Tischblatt
Schwaben, Ende 15. Jahrhundert
Kirschbaumholz, bemalt
Inv. Nr. H 255/1871

Faltstuhl
Salzburg (?), Anfang
13. Jahrhundert
Birnbaumholz,
geschnitzt, bunt
bemalt, spätere
Lederbespannung
Inv. Nr. H 1705/1935

Kabinettschrank
Süddeutschland,
Augsburg (?), letztes
Drittel 16. Jahrhundert
Ahornholz furniert,
Marketerie aus ver-
schiedenen Hölzern,
geätzte und vergoldete
Eisenbeschläge
Inv. Nr. H 218/1871

Kruzifix
Italien, Mitte 15. Jahrhundert
vermutlich Maso Finiguerra; Silber, z. T. gegossen,
Tiefschnittemail, transluzid, opak
Inv. Nr. Em 55/1869

Majolikakanne mit groteskem Henkel
Urbino, 16. Jahrhundert
Majolika mit farbiger Bemalung, Apoll und Marsyas
Inv. Nr. KHM 27/1940

DONALD JUDD
Kurator: Christian Witt-Dörring

Ich hatte Zweifel an der Idee, Künstler Installationen aus Objekten früherer Zeiten machen zu lassen; ich habe immer noch Zweifel. Dies sollte die Aufgabe der für die Objekte verantwortlichen Kuratoren sein, trotz meiner kontinuierlichen Kritik an der im Allgemeinen künstlichen Art, in der Objekte installiert werden. Künstler mit diesen Installationen zu beauftragen, ist wahrscheinlich ein Weg, mit fragwürdigen Installationen fortzufahren. Ich akzeptierte das Problem aus Wohlwollen dem Museum gegenüber und unter der Voraussetzung, dass ich der Beurteilung des verantwortlichen Kurators, Christian Witt-Dörring, nicht widersprechen würde. Ich glaube, wir haben unser Bestes getan. Die Voraussetzung des Museums, die unabänderbare Bedingung für die Installation, war, dass das Dubsky-Zimmer, ursprünglich ein Raum in einem Palais, innerhalb eines viel größeren Museumssaales rekonstruiert werden musste. Mir wurde gesagt, es gäbe keine Alternative. Der Raum konnte entweder in einer der Ecken des Saales neu aufgebaut werden, dies hätte einen ungünstigen rechten Winkel für die restlichen Möbel gelassen; oder man konnte ihn in die Mitte des Saales stellen, damit einen symmetrischen Raum freilassen, um möglicherweise den guten Einfall eines Raumes innerhalb eines Raumes zu etablieren. Ich bat darum, so vorzugehen.

Das Dubsky-Zimmer ist zu groß und seine Positionierung problematisch, dennoch war die Entscheidung richtig, es in die Mitte zu platzieren. Dieses Zimmer und der Großteil der anderen Möbel wurden im 18. Jahrhundert für den Adel angefertigt. Der Prunk des Raumes ist ambivalent und deshalb exzessiv. Er ist unbehaglich; Chardin ist es nicht. Heute sind Architektur und die Mehrzahl der Installationen unbehaglich. Warum ist Chardin einfach, stark und „behagt" uns? Die einzelnen Möbelstücke wurden symmetrisch aufgestellt, meistens in Paaren, einander gegenüber. Ein rechteckiger Raum lässt normalerweise nichts anderes zu. Die Positionen der Möbel wurden auch in Bezug auf Größe, Farbe und Art sorgfältig entschieden. Ich bat darum, dass man einen Teil des Stucks von unterhalb der Saaldecke wiederholt und rund um die Außenseite des Dubsky-Zimmers anbringt, um den Raum des 18. Jahrhunderts, der im 19. Jahrhundert entstand, besser integrieren zu können und um die exzessive Beliebigkeit der Außenseite zu reduzieren. Dies ist ein kleines, unbehagliches Zimmer, unbehaglich in einen großen, doppelt unbehaglichen Raum gestellt. Ich denke, es sollte im Keller sein. Aber Witt-Dörring und ich haben – ohne Behagen – unser Bestes getan. / Donald Judd

Die Möbelkunst des 18. Jahrhunderts ist in den Sammlungen des MAK durch hervorragende Beispiele vertreten. Schwerpunkte bilden dabei Möbel aus dem österreichischen und deutschen Kulturkreis. Sie geben Zeugnis über die im Zuge des 18. Jahrhunderts stattfindende enorme typologische, handwerkliche und formale Weiterentwicklung. Der noch aus dem 17. Jahrhundert stammende Typ des Kabinettschranks wird als Repräsentationsmöbel durch den Schreibschrank ersetzt, dessen süddeutsche Ausformung als „Tabernakelschrank" bekannt ist. In Frankreich entsteht die Kommode als neues Behältnismöbel im Wohnbereich, womit auf die Entwicklung in Richtung mehr Privatheit und Bequemlichkeit reagiert wird. Als Schreibmöbel entstehen u. a. der Schreibtisch und das Zylinderbüro. Die Oberflächengestaltung der Möbel wird noch vielfältiger und entsprechend den neuen Bedürfnissen und Moden eingesetzt (Holz- und Boullemarketerie, Lack, Porzellan, u. a.). Die Innenraumgestaltung selbst erfährt eine weitere Vereinheitlichung in ihrer wandfesten und mobilen Ausstattung. Dabei gehen die Möbel eine dekorative und oft sogar strukturelle Einheit mit dem Raum ein. Das Porzellanzimmer aus dem Brünner Palais Dubsky ist nicht nur dafür, sondern auch für die ab 1719 in Wien einsetzende Porzellanproduktion ein sprechendes Dokument. / Christian Witt-Dörring

Kunstschrank
Neuwied am Rhein, 1776
Entwurf und Ausführung:
David Roentgen, Uhrwerk
signiert: „Kintzing à Neuwied";
Riegelahorn, braun gebeizt,
Rosen- und Myrthenholz,
verschieden gefärbte Hölzer,
vergoldete Bronzebeschläge
Inv. Nr. H 269/1871

Kabinettschrank
Eger (Tschechien), 1723
Entwurf und Ausführung: Nikolaus Haberstumpf, signiert: „Johan Nickolaus Haberstumpf fecit 1723 kunstdischler und mohler in Eger"; Ebenholz, furniert, Reliefmarketerie und Marketerie aus verschiedenen Hölzern
Inv. Nr. H 1760/1941

Konsoltisch für Prinz Eugen von Savoyen
Wien, um 1728/30
Entwurf: Claude Le Fort du Plessy (?); Nussbaumholz, z. T. lasiert, Marmorplatte
Inv. Nr. H 1579/1923

**Arbeitstisch für Gräfin
Régine d'Aspremont**
Wien, 1790
Entwurf und Ausführung:
Franz von Hauslab;
Marketerie aus verschiedenen
Hölzern, vergoldete Beschläge
Inv. Nr. H 508/1883
Donation Franz Ritter von Hauslab

Bibliothekstisch
Wien, um 1730
Nussbaum- und Ahornholz, furniert
Inv. Nr. H 1185/1909

Porzellanzimmer aus dem Palais Dubsky in Brünn
Wien, um 1740
Inv. Nr. Ke 6201/1912

Um 1700 wird das Einrichten so genannter „Porzellan-Cabinette" in Europa modern. War man zuerst auf europäische Fayencen angewiesen, so wurden diese mit der Zeit durch chinesische Exportware und ab 1700 auch durch japanische Porzellane ersetzt. Das Porzellanzimmer aus dem Brünner Palais Dubsky ist eine der ersten Zimmerausstattungen mit europäischem Porzellan. Anhand des über dem Pfeilerspiegel angebrachten Wappens der Czobor von Szent-Mihály lässt sich die Ausstattung des Zimmers bis in die Jahre nach 1724 zurückverfolgen. Damals erwarb Gräfin Maria Antonia von Czobor, Frau auf Göding, geb. Fürstin von Liechtenstein, das nachmalige Palais Dubsky in Brünn. Aus dieser Zeit stammen auch die Porzellane der Wiener Manufaktur Du Paquier (1718–44). Untersuchungen an der wandfesten Vertäfelung des Raumes sowie die Tatsache, dass der Kamin bereits in Brünn ohne Rauchabzug gemauert und daher nicht beheizbar war, haben jedoch gezeigt, dass die Ausstattung ursprünglich für einen anderen, heute noch unbekannten Ort verfertigt worden sein muss und erst später den kleineren Dimensionen im Brünner Palais angepasst wurde. Unklar bleibt aber bis heute die zeitliche Diskrepanz zwischen den frühen, vor 1730 entstandenen Wiener Porzellanen und der frühestens in die vierziger Jahre datierbaren Ornamentik der Wandvertäfelungen und eines Teils des Mobiliars. 1745 geht das Palais in den Besitz des Johann Georg von Piati über, von dem es sein Sohn Emanuel Piati von Tirnowitz 1762 erbt. Das Wappen dieser Familie war ursprünglich mit Ölfarbe über jenes der Czobor gemalt und erst 1912 anlässlich der Erwerbung des Zimmers durch das Museum entfernt worden. Aus der Zeit der Piati, um 1790, stammt auch die Ausstattung des Zimmers mit Bildern und der vom Brünner Uhrmachermeister Sebastian Kurz signierten Wanduhr. Seinen heutigen Namen erhielt das Palais schließlich anlässlich der Hochzeit von Emanuela von Piati, der Tochter Johann Georgs, mit Franz Dubsky von Trebomyslic im Jahr 1805. Wie aus später vorgenommenen Ergänzungen durch Porzellane der Herender Porzellanfabrik (gegründet 1839) und durch 1847 datierte Stücke aus der Wiener Porzellanmanufaktur hervorgeht, muss um 1850 eine größere Restaurierung und Neuadaptierung des Zimmers erfolgt sein. Damals entstanden höchstwahrscheinlich auch die Sitzmöbel ebenso wie der Konsoltisch der Längswand und der Kanapeetisch.

Tischchen
Wien, 1769
Entwurf und Ausführung: Wilhelm Gottlieb Martitz,
signiert: „W. Martitz In Wienn Den 19 August,
Anno 1769"; vergoldete Bronze, Silberfolie, Marmor
Inv. Nr. LHG 1412/1973
Leihgabe der Creditanstalt-Bankverein

„Bratlkoch" (Wiener Kaufruf)
Unterglasurblauer Bindenschild, eingestempelter
Bossiererbuchstabe „P" (= Anton Peyer), Ritzzeichen „5"
Inv. Nr. Ke 6823/18/1926
„Perückenmacher"
Unterglasurblauer Bindenschild, eingestempelter
Bossiererbuchstabe „O" (= Dionysius Pollion),
Ritzzeichen „5"
Inv. Nr. Ke 6823/22/1926

„Die Porzellanerzeugung" (Mittelgruppe)
Unterglasurblauer Bindenschild
Inv. Nr. Ke 6823/6/1926

Tafelaufsatz aus dem Stift Zwettl
Vitrine: Donald Judd

Wien, 1768 und davor

Glasiertes, unbemaltes Porzellan, der Untersatz besteht
aus 9 auf niedrigen Füßchen stehenden Teilen und ist
mit Spiegeln belegt, 428 x 51 cm mit 60 Figurengruppen,
Figuren und Vasen

Inv. Nr. Ke 6823/1926

Der Aufsatz wurde anlässlich des Goldenen Profeß-
jubiläums des Abtes Rayner I. Kollmann vom Konvent
des Stiftes Zwettl bestellt. Im Mai 1768 wurde der
„ganze Deserte in drei Verschlägen" mit Wagen nach
Zwettl geführt und dem Abt zum Jubiläumsfest geschenkt. Für dieses Fest komponierte Joseph Haydn
seinen „Applausus", dessen Singstimmen den weiblichen
Allegorien des Tafelaufsatzes entsprechen

FRANZ GRAF

Kuratorin: Angela Völker

Eine Intention zur Gestaltung = Sachverhalte. Der Reichtum der Erscheinungen. Der Nachlass der Menschen, die schon vor uns da waren = die Gestalt der Handlungen, unsere Erbschaft = die Erinnerung: Museen sind auch wie Friedhöfe unser stilles Glück: Weil durch die Natur der Begegnung auch Verständnis verursacht wird: Es scheint, dass es keine Wahrheit darüber geben kann, aber originale und geniale Arbeiten: Schweigen ist das Wort erloschen. Weil dasselbe etwas anderes bedeutet hat: Weil das Wesen der Dinge immer tot ist und seine materiellen Eigenschaften diese Ausdehnung in eine andere Welt bewahren: Weil eine Vergangenheit existiert, die das lebende Individuum erreicht und zumindest die Möglichkeit bedeutet wird, zu Ende zu gehen durch sich selbst hinaus mit dem frühen ***** Schein. / Franz Graf

Die Spitzensammlung des MAK sowie der Bestand vor allem an venezianischen Gläsern zählt heute zu den schönsten und vielfältigsten der Welt. Venezianische Gläser galten schon im Barock als besondere Kostbarkeiten und für die von der Mode geforderten üppigen Spitzendekorationen konnten Frauen und Männer Unsummen ausgeben. Während die Glasherstellung zu den ältesten kunsthandwerklichen Techniken gehört, beginnt die Geschichte der Spitze erst in der Spätrenaissance, wahrscheinlich in Italien. Man unterscheidet zwei Arten, Näh- und Klöppelspitzen, oft sieht man aber auch Kombinationen aus beiden Techniken. Die italienischen Zentren befanden sich zuerst in Florenz, dann in Venedig und Mailand, bevor man im 18. Jahrhundert in Frankreich und Flandern Spitzen erzeugte.

Zentrum der europäischen Glasproduktion war seit dem Mittelalter Venedig. Um 1500 gelang es dort, das reine, farblose Glas herzustellen. Von hier verbreitete sich die Glasbläserei über ganz Europa. Im Norden, mit Böhmen und Schlesien als Zentren, schätzte man härteres Glas, das mit Schnitt und Schliff verziert werden konnte oder Gläser mit Email-, Schwarzlot- und Golddekor. Die Zusammenstellung von Gläsern und Spitzen geht aber nicht nur von kunsthistorischen Gesichtspunkten aus, vielmehr ebenso von der parallelen optischen Wirkung der Materialien, der „Durchsichtigkeit", ihrer materiellen Delikatesse und der handwerklichen Virtuosität der Herstellung, die heute vielleicht die größte Bewunderung findet. / Angela Völker

Großer Kragen mit Figuren und Ornamenten
Italien, zweite Hälfte 16. Jahrhundert
Nähspitze, Klöppelabschluss, Leinengarn
Inv. Nr. T 8596/1932

Krawatte
Brüssel, erstes Viertel 18. Jahrhundert
Klöppelspitze, Leinengarn
Inv. Nr. T 3708/1884

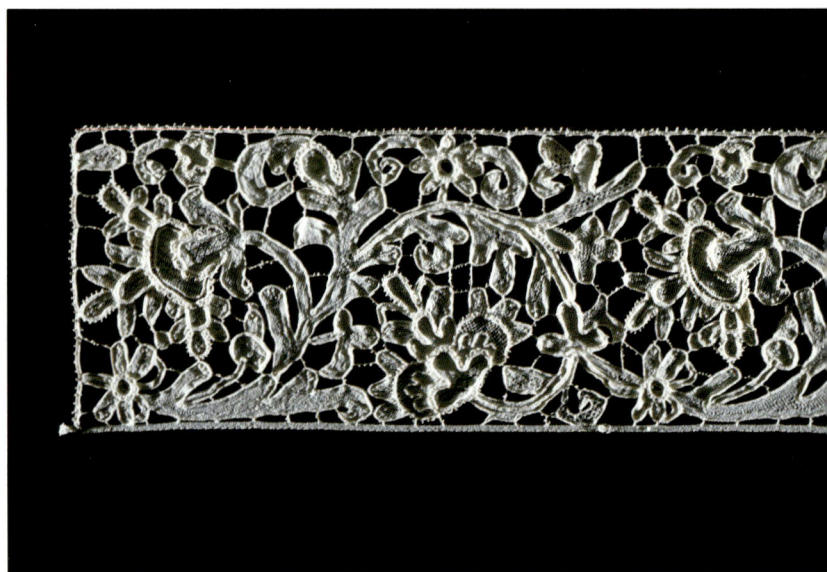

Abgepasste Reliefspitze
Venedig, Mitte 17. Jahrhundert
Nähspitze, Klöppelabschluss, Leinengarn
Inv. Nr. T 6543/1906

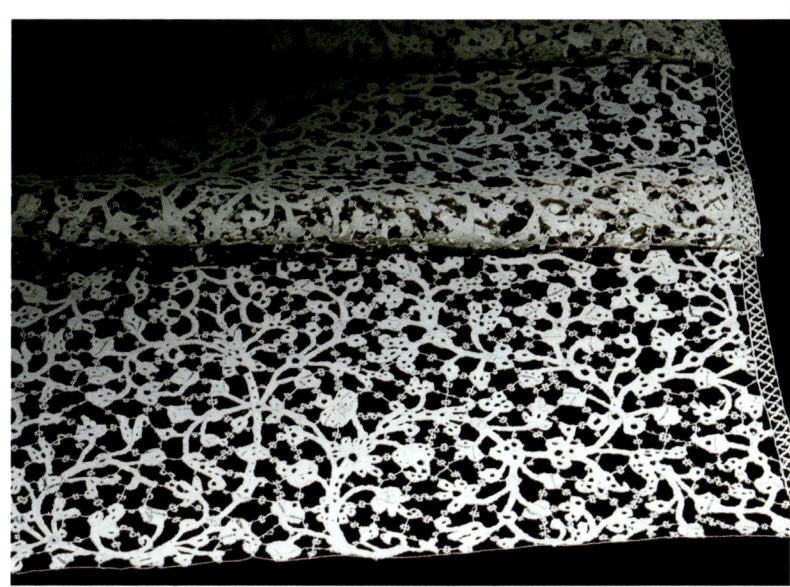

Breite Spitzenborte
Venedig, um 1700
Nähspitze, Klöppelabschluss, Leinengarn
Inv. Nr. T 10073/1935

Stangenglas mit Deckel
Venedig oder Innsbrucker Hofglashütte, um 1570
Farbloses Glas, eingeschmolzener weißer Fadendekor
Inv. Nr. KHM 316/1940

Henkelbecher mit Montierung
Böhmen, um 1725
Farbloses Glas, Schnitt matt und poliert, Silber vergoldet
Inv. Nr. Gl 856/1871

Deckelpokal mit Wappen
Böhmen, um 1720
Farbloses Glas, facettiert, Schnitt matt und poliert, Gold- und Rubinfäden in
Schaft und Deckelknauf, Wappen des Grafen Christoph Wilhelm von Thürheim,
der Ältere (1661–1738), ab 1713 „Hauptmann des Landes ob der Enns"
Inv. Nr. Gl 172/1867

Becher mit Imhof Wappen
Nürnberg, datiert 1678
Signiert: Johann Keyll; farbloses
Glas, Schwarzlotmalerei
Inv. Nr. Gl 2161/1907

Kuttrolf
Venedig oder Hofglashütte Innsbruck, um 1580
Farbloses Glas, Fadendekor
Inv. Nr. KHM 317/1940

JENNY HOLZER
Kurator: Christian Witt-Dörring

Nie habe ich Museumsbroschüren und Beschriftungen gemocht. Ich wollte ein anderes Vermittlungssystem finden, das Auskunft über die Sammlung und die Herstellungszeit der Objekte geben kann. Ich suchte nach der anregenden Möglichkeit, eine erschöpfende Fülle an Texten über Biedermeier und Empire zeigen zu können. Ich wählte elektronische „signs" (Schriftbänder) mit großen Speichern, die darüber sprechen sollen, warum was für wen hergestellt wurde. Die „signs" zeigen sowohl die nackten Daten, als auch interpretierbare Texte, zum Beispiel persönliche Briefe der Zeit. Weil es manche Leute hassen, in Museen zu lesen, setzte ich die „signs" oben in die Nähe der Decke, so dass man sie auch ignorieren kann. Um diejenigen zu ermutigen, die gerne lesen, variierte ich die Programme und bezog Spezialeffekte mit ein. Für ernsthaft interessierte, erschöpfte Leser stellte ich ein „Biedermeier"-Sofa aus Aluminium bereit, worauf man sitzen kann. Außerdem arrangierte ich die Möbel, das Silber, Glas und Porzellan, wie jede gute Hausfrau es tut. / Jenny Holzer

Die erste Hälfte des 19. Jahrhunderts bringt eine heterogene, in der österreichischen Kulturgeschichte bis dahin noch nie gekannte Menge an Konsumenten hervor. Für sie kann und muss, ermöglicht durch die Auswirkungen der Industriellen Revolution und dem kulturellen, sozialen sowie wirtschaftlichen Erstarken des Bürgertums, differenziert produziert werden. Daraus resultiert die Notwendigkeit und Möglichkeit, Dinge, die bis dahin nur einem beschränkten Konsumentenkreis zugänglich waren, einer größeren Allgemeinheit verfügbar zu machen. Neben geschmacklicher Vielfalt ist die am Markt angebotene Produktpalette daher durch eine subtile Abstufung vom teuren Luxusprodukt zum billigen Ersatzprodukt gekennzeichnet. Es entsteht eine allgemein verständliche Material- und Formensprache, die weniger gesellschaftsspezifisch, sondern vor allem finanziell bedingt ist. Das Dargestellte hat nicht mehr so sehr symbolischen Charakter, sondern bezieht sich auf reale Personen, Dinge und Ereignisse. In diesem Sinne zeigt die Auswahl der ausgestellten Objekte neben einzelnen Glanzleistungen der heimischen kunstgewerblichen Produktion vor allem die gestalterische und materielle Vielfalt des Gebrauchsgegenstandes der Empire- und Biedermeierzeit. Verdeutlicht wird die Explosion des Formenreichtums anhand einer Reihe von Sesselvariationen, Porzellantassen in unbeschränkter Stimmungsvielfalt, Gläsern als Träger unterschiedlichster Informationen und Silberschmiedearbeiten, deren Charaktere zwischen Abstraktion und Dekor wählen. / Christian Witt-Dörring

Kanapee Modell No. 57
Wien, um 1825/30
Entwurf und Ausführung: Danhauser'sche Möbelfabrik;
Kirschbaumholz, massiv und auf Weichholz furniert;
wiederhergestellte ursprüngliche Tapezierung
Inv. Nr. H 2726/1983

Jenny Holzer, Sofa für Besucher *(zur freien Benützung!)*
Aluminiumguss nach einem Original von Josef Danhauser;
Ausführung: Herbert Fischer, Großstelzendorf, 1993
Inv. Nr. GK 99/1993

Nachttisch
Wien, um 1825/30
Kirschbaumholz, massiv und furniert,
Kehlheimerplatte, Messingbeschläge
Inv. Nr. H 3042/1989

Schreibtisch der Erzherzogin Sophie
Wien, um 1825
Kirschbaumholz massiv und furniert, schwarz gebeiztes Holz,
grün lackierte Blecheinsätze; erneuerter Fußpolster
Inv. Nr. H 2558/1940

Schreibschrank

Wien, um 1815

Mahagoni, schwarz gebeiztes Holz, Lindenholz geschnitzt,
z. T. schwarz bemalt und „verde antico"-Anstrich,
z. T. vergoldet und bronziert, vergoldete Messing- und
Bronzebeschläge, z. T. massiv und gepresst, im Inneren
Ahorn, rotgebeiztes Maserholz
Inv. Nr. H 2027/1955

5 Tassen mit Schneckenhenkel
Wiener Porzellanmanufaktur 1813–17
v. l. n. r.: Jahresstempel 817 (= 1817), rote Formnummer C 226, Inv. Nr. Ke 9984/1981;
Jahresstempel 817 (= 1817), rote Formnummer E 218, Inv. Nr. Ke 10019/1981;
Jahresstempel 816 (= 1816), rote Formnummer E 214, Inv. Nr. Ke 10157/1981;
Jahresstempel 817? (= 1817?), rote Formnummer E 227, Inv. Nr. Ke 10020/1981;
Jahresstempel 813 (= 1813), Inv. Nr. Dep 305

Becher
Blottendorf bei Haida, vor 1835
Veredelung (durch Kupferrubinbeize): Friedrich Egermann; grünes Glas aus der
Harrach'schen Glasfabrik, Neuwelt (Böhmen), Lithyalinglas mit Schliff
Inv. Nr. Gl 1232/1875

Heißwasserkessel
Wien, 1820
Josef Kern, Silber
Inv. Nr. Go 1333/1907

Becher
Wien, um 1830
Über kanneliertem Boden geschwungener Becher mit Emaildekor
und Vergoldung. In rechteckig umrahmtem Feld: „Place de la
Bibliothèque Imp.^{le} et Roy.^{le} et la Statue Joseph II à Vienne"
(Werkstätte Anton Kothgasser, Wien)
Inv. Nr. Gl 2365/1917

Becher
Wien, 1814
Entwurf und Ausführung: Gottlieb Mohn, signiert: „G. Mohn. 1814. Wien."
sowie „A H. p." (AH ligiert), farbloses Glas mit Blumenstrauß und
vergoldetem Mundrand
Inv. Nr. Gl 3118/1952

Teile aus einem Déjeuner
Mit Ansichten der kaiserlichen Schlösser und Gärten,
zum Teil nach älteren Stichvorlagen
Wiener Porzellan, um 1818
Signiert: „Schufrid 1818" (= Jakob Schufrid);
Goldfond, reicher Golddekor, bunte Malerei
(Henkelkanne, Tasse mit Untertasse, Zuckerschiffchen)
Inv. Nr. KHM 267/1940

BARBARA BLOOM

Kurator: Christian Witt-Dörring

Michael Thonet, ein deutscher Möbeldesigner, beeindruckt einen österreichischen Fürsten mit seinen eleganten Entwürfen und seiner inno-
vativen Herstellungstechnik so sehr, dass er beauftragt wird, einige
Holzarbeiten für ein Schloss in Wien anzufertigen. Danach ermutigen
ihn höhere Tiere, seine Fabrik nach Österreich zu verlegen. Dort floriert
sein Geschäft und daraus wird eine international bekannte Erfolgs-
geschichte des späten 19. Jahrhunderts. Dies ist der beispielhafte Fall
eines ästhetisch-raffinierten Entwerfers, der bereit ist, mit Herstellungs-
techniken zu experimentieren. Ein von Reduktionsmethoden über-
zeugter Mann, wobei er (als Vorläufer der modernen „Form follows
function") den immanenten Qualitäten des Materials – Holz – erlaubt,
seine Entwürfe zu bestimmen. Er ist Reduktivist auch im Sinne der
Produktion, spart Materialien und Zeit mit seinem ökonomischen
Montageband und verwandelt ein Handwerk in eine Art internationaler Massenproduktion. Er bewirbt und vertreibt seine Möbel durch
Kataloge – ein Zeichen, dass Thonet auch ein brillanter Frühkapitalist
ist. Er sieht die Notwendigkeit einer Konsumgesellschaft voraus, deren
Bedürfnisse erst geschaffen werden müssen, bevor man sie erfüllt. Dies
ist eine gute Mischung aus Dokumentar- und Spielfilm, mit einem
klaren Handlungsablauf. Ich fände es gut, wenn die Partie Thonets von
jemandem wie Nick Nolte gespielt würde, akzentuiert und überzeu-
gend in der Darstellung seines langen, ereignisreichen Lebens. Es würden vorkommen: Erste Preise bei Internationalen Weltausstellungen,
auf jeden Fall verschiedene Wiener Caféhaus-Szenen und vielleicht
Klassenkonflikte in der Fabrik. Gute Story! Worauf ich jedoch wirklich
gespannt bin (und ich hoffe, dass ich lange genug lebe, um es sehen zu
können), ist ein interaktiver Video-Dokumentar- und Spielfilm über
das Leben des IKEA-Gründers Ingvar Kamprad, der vielleicht im frühen
oder in der Mitte des 21. Jahrhunderts gedreht wird. Dieser Prototyp
für Geschäftserfolg im späten 20. Jahrhundert braucht uns nicht vorgestellt werden. In der Zukunft wird man sich an IKEA als einen überaus attraktiven Betrieb mit vielfältigem Kundenkreis erinnern, so etwa
von den meisten europäischen Intellektuellen, die ihre Bibliotheken mit
„BILLY"-Regalen geordnet haben, bis hin zu jungen $1^{1}/_{2}$-Kinder-Familien,
die mit Hilfe der cleveren IKEA-Taktik, jedem Objekt im Katalog einen
eigenen Namen zu geben, die Hürde des Geldausgebens überwinden.
Man braucht kein Sofa zu kaufen, wenn man „BJÖRN" mit nach Hause
nehmen kann. Nun stelle man sich diese beiden Filme als Doppel-
angebot vor. Zusammen bilden sie ein gutes Paradigma für den Fort-
schritt. Was lebt weiter? Ist es die augenfällige Ästhetik und Raffinesse
des Entwurfs bei Thonet, seine Hingabe an experimentelle Techniken,
seine Reduktionsmethoden oder irgendein später mutanter Kapitalis-
mus, irgendeine anthropomorphisierte Form des Angebots und der

*Nachfrage, wobei das Bedürfnis des Kunden durch „Bambi-fication"
kreiert wird? Ich bin sicher, dass der IKEA-Film von Disney inszeniert
werden wird.* / Barbara Bloom

Obwohl das Bugholzmöbel keine Wiener Erfindung ist, so wird der
Bugholzsessel außerhalb Österreichs doch auch immer wieder kurz als
„Wiener Sessel" bezeichnet. Die Technik, gedämpftes Holz zu biegen, ist
bereits im Mittelalter gebräuchlich. Michael Thonet (1796–1871), der
aus Boppard am Rhein stammende, innovative Tischler, beschäftigt sich
in den dreißiger Jahren des 19. Jahrhunderts mit einer handwerklich
ökonomischeren Umsetzung geschweifter, spätbiedermeierlicher Möbel-
formen. Er erreicht dies mit Hilfe in Schichten verleimter, gebogener
Furnierschwarten. Sein 1842 auf Vermittlung des Fürsten Metternich
erfolgter Umzug nach Wien, eröffnet ihm den weitaus größeren Markt
des österreichischen Kaiserreiches. In konsequenter Weiterentwicklung
der Holzbiegetechnik gelingt es ihm 1852, ein Patent auf das Biegen
schichtverleimten Holzes in mehrere Richtungen und schließlich 1856
ein solches auf das Biegen massiven Holzes anzumelden. Die großarti-
ge Leistung Thonets liegt neben der Weiterentwicklung der Holzbiegetechnik vor allem in seiner Begabung, diese in eigenständige, einer
breiten Käuferschicht zugängliche und formal durch ihre Selbstver-
ständlichkeit überzeugende, zeitlose Produkte umzusetzen. Seine aus
der Faszination mit einer Verarbeitungstechnik entstandene Ästhetik
weist dem Sitzmöbel neue Richtungen. Aus seiner Möbelsammlung
zeigt das MAK einen Überblick über hundert Jahre Thonet'scher Produktion sowie jener der Konkurrenzfirmen von den dreißiger Jahren des
19. bis in die dreißiger Jahre des 20. Jahrhunderts. / Christian Witt-Dörring

Sessel, Modell No. 1
Wien, vor 1854
Ausführung: Gebrüder Thonet, um 1858;
Buchenholz, z. T. schichtverleimt, gebogen,
auf Palisander lasiert, Rohrgeflecht
Inv. Nr. H 2299/1975

Sessel
Boppard/Rhein, um 1836/40
Entwurf und Ausführung: Michael Thonet; z. T. schichtverleimte Furniere, gebogen,
Nussbaumholz furniert, Rohrgeflecht
Inv. Nr. H 2967/1987
ehemals Sammlung Alexander von Vegesack

Sessel, Modell No. 25
Wien, um 1910
Ausführung: Mundus; Buchenholz, z. T. gebogen, braun gebeizt,
Rohrgeflecht
Inv. Nr. H 2186/1969
Donation der Bundeskammer der gewerblichen Wirtschaft

Sessel, Modell No. 322 für das Sanatorium Purkersdorf
Wien, 1904
Entwurf: Josef Hoffmann, Ausführung: J. & J. Kohn; Buchenholz, braun gebeizt,
z. T. gebogen, Schichtholz, originale Wichsleinwandbespannung
Inv. Nr. H 2189b/1969
Donation der Bundeskammer der gewerblichen Wirtschaft

Sessel, Modell No. 8
Wien, 1858
Ausführung: Gebrüder Thonet, 1858;
Buchenholz, z. T. schichtverleimt,
gebogen, auf Palisander lasiert,
Rohrgeflecht
Inv. Nr. H 3019/1988
ehemals Sammlung
Alexander von Vegesack

Sessel für das Café Museum
Wien, 1898
Entwurf: Adolf Loos,
Ausführung: J. & J. Kohn;
Buchenholz, z. T. gebogen,
rot gebeizt, Rohrgeflecht
Inv. Nr. H 2805/1985

Kanapee, Modell No. 4
Wien, um 1850
Ausführung: Gebrüder Thonet, um 1858/60;
Buchenholz, z. T. schichtverleimt und gebogen,
auf Palisander gebeizt, Damastbezug (erneuert)
Inv. Nr. H 2978/1988
ehemals Sammlung Alexander von Vegesack

Schaukelsofa
Wien, um 1874/82
Ausführung: Gebrüder Thonet, um 1890;
Buchenholz, z. T. gebogen, braun gebeizt,
Rohrgeflecht
Inv. Nr. H 2935/1987
ehemals Sammlung Alexander von Vegesack

EICHINGER ODER KNECHTL

Kuratorin: Waltraud Neuwirth

tradition *klimt-fries, macdonald-fries, möbel von 1895–1920, jugend-stilglas* und gegenwart* *eine schwebende vitrine (23,38 m lang) die glasräume (je 17,61 m²) zwei kartonwände (höhe 3,84 m) die blue box (der blick hinunter).*

der verschiedenartigkeit der ausgestellten objekte steht die gleichwer-tigkeit im umgang mit den verwendeten materialien gegenüber: natur-farbener wellkarton, sandgestrahltes glas, vitrinenlicht, das durch in-dustrielle trinkgläser gefiltert wird, ein betonfertigteil, fensterachsen, metallprofile, glaswände, der blick aus einer wandnische, hinunter in den großen schauraum von Donald Judd.

die glasräume: *zwei logische raumflächen im sinne des raumganzen. eigentlich wurden ja nur die vorhandenen, unsichtbaren räume durch glaswände (12 mm sekurit-floatglas) visualisiert: dimension 4,35 m auf 4,26 m bei 4,05 m raumhöhe. die glasscheiben, in u-profilen ver-setzt, reichen vom boden bis zur decke. jede wandseite wird gebildet durch jeweils drei gleich große einzelscheiben. die eingangsseite besteht aus nur zwei dieser glasscheiben, sodass ein symmetrischer eingang in diese begehbaren vitrinen freibleibt. die dem eingang gegenüberliegenden drei glastafeln sind sandgestrahlt und mildern das licht der dahinterliegenden fenster zu museumsgarten und stu-benring. in wechselnden intervallen sollen hier möbel von krenn, wim-mer, peche, wagner, breuer, singer, haerdtl, frank, hoffmann, loos, van de velde gezeigt werden.*

die hängende vitrine: *sie besteht aus 6 (7) glasvitrinen mit jeweils 3,34 m länge, die in einer geraden linie aneinandergereiht sind. die vitrinen sind mit orni-profilen von der decke abgehängt und heben so die darin ausgestellten farbigen glasobjekte in die augenhöhe des betrachters. eine zwischenebene aus seriell angeordneten industrieglä-sern ist uv-filter und lichtbrecher für die helligkeit, die von oben auf die hängevitrine fällt. dieser leuchtende balken aus glas und metall macht die schaustücke – jugendstilgläser und metallarbeiten – gleich-zeitig von drei seiten betrachtbar: von vorne, von hinten, von unten.*

die zwei kartonwände *sind schützende schachteln für sehr fragile aus-stellungsobjekte: klimts werkstätten-entwurfsskizze für das palais stoclet und „die sieben prinzessinnen", reliefierter und bemalter gips mit halbedelsteinen von margaret macdonald. die kartonwände beto-nen das gewandelte verhältnis zum rohstoff: es gibt keinen unter-schied im umgang mit den materialien. selbst recyclebarer wellkarton wird ernst genommen, wiederverwertung und möglicher neugebrauch adelt das material.*

die blue box: *ein blau verglastes fenster in einer bestehenden wand-nische ermöglicht den blick von oben in den saal, der von donald*

judd gestaltet wird. ein 30,7 cm hohes podest (betonfertigteil) und eine
stehende, sandgestrahlte glasscheibe bilden diese kleine kapelle. /
Eichinger oder Knechtl

Fritz Waerndorfer, Mitbegründer (und Financier) der Wiener Werkstätte
bestellte bei Charles Rennie Mackintosh aus Glasgow 1902 einen Musik-
salon für seine Wiener Villa – den Speisesaal daneben gestaltete Josef
Hoffmann, Mackintoshs Frau Margaret Macdonald entwarf den Fries für
den Salon nach Motiven des belgischen Dichters Maurice Maeterlinck.
Das Gesamtinventar der Räume galt seit 1916 als verloren, bis der
„Waerndorfer Fries" beim Umbau des Museums wieder auftauchte.
Von 1905–09 arbeitete Gustav Klimt am Fries für das Palais Stoclet in
Brüssel (Architekt: Josef Hoffmann). Klimts Entwürfe wurden im Auf-
trag der Wiener Werkstätte von der „Wiener Mosaikwerkstätte" Leopold
Forstners umgesetzt und 1911 in Brüssel installiert.
An diesen beiden Auftragsarbeiten für ein fortschrittliches, kunstinter-
essiertes Großbürgertum werden Charakteristika der Epoche deutlich:
Die Secession forderte die Auflösung der hierarchischen Abgrenzung
zwischen der „freien" und der „angewandten" Kunst. In der Gestaltung
des persönlichen Lebensbereiches mit Prestigeobjekten (Möbel, Glas,
Keramik) kommt das nichtindustrielle Kunsthandwerk zu neuem Selbst-
verständnis. Es besteht ein programmatisches Gleichgewicht zwischen
Künstler (Entwurf) und Handwerker (Ausführung). Die Stilelemente vari-
ieren europaweit, die Künstlervernetzungen sind eng. „Der Jugendstil
stellt den letzten Ausfallversuch der in ihrem elfenbeinernen Turm von
der Technik belagerten Kunst dar" (Walter Benjamin, 1935). Im Wunsch
nach der Synästhesie des Gesamtkunstwerks klingt der Historismus
nach, im Bemühen um richtige Form und adäquate Materialien wird der
ästhetische Komfort verlassen, kündigt sich die Moderne an. / **Birgit Flos**

* „tradition und gegenwart, bewahrung und experiment": eine sequenz aus dem presse-
  gespräch „transformation eines ortes" mit dem direktor des MAK, peter noever.

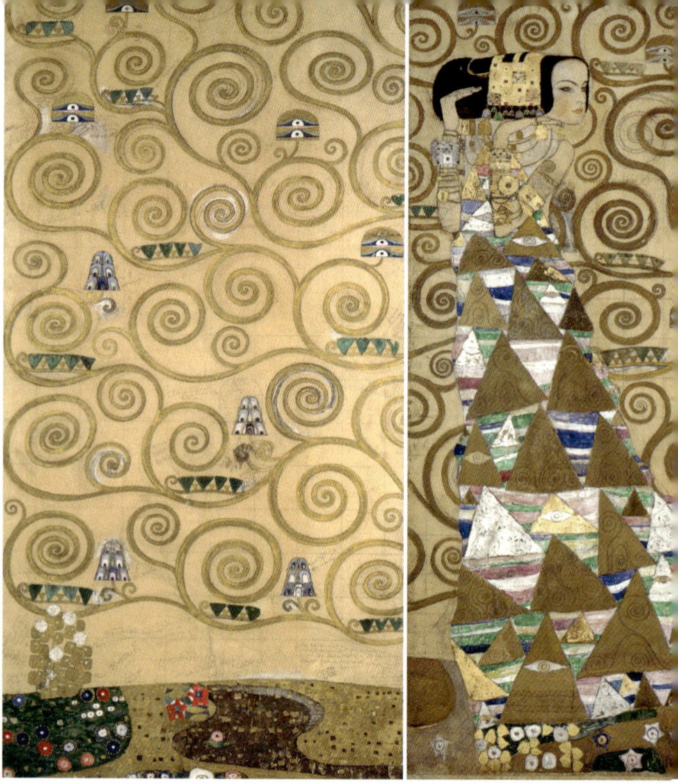

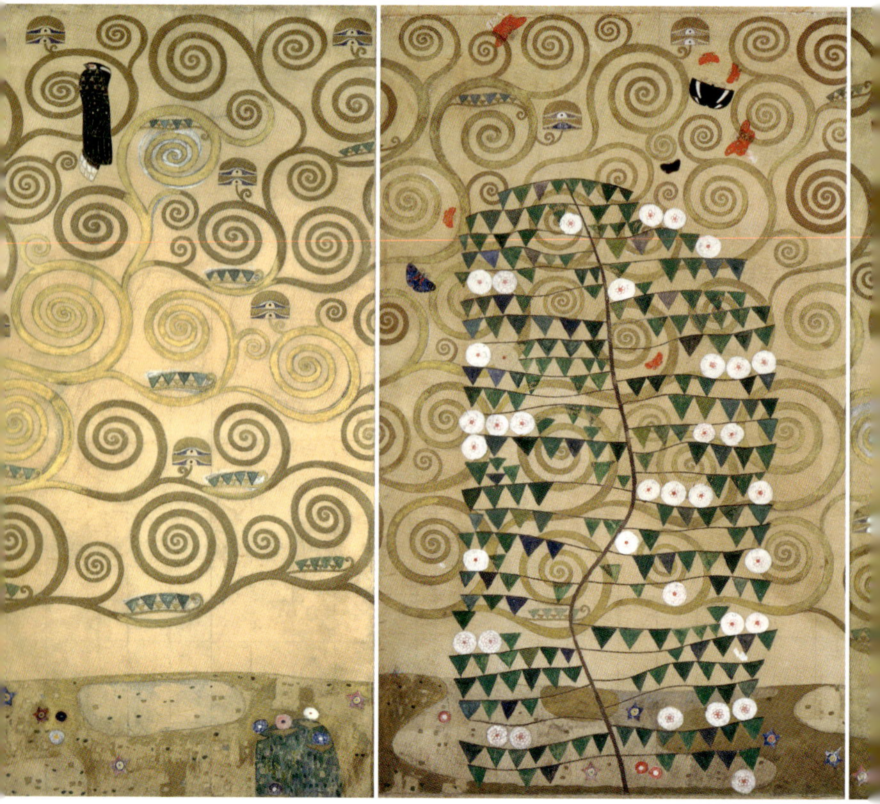

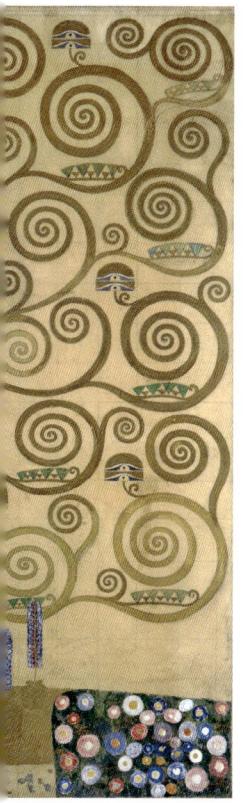

Gustav Klimt, Stoclet-Fries
Wien, 1905–12
Werkzeichnung in 9 Teilen für die Ausführung des
Mosaiks im Palais Stoclet in Brüssel; Blattgold und
Blattsilber auf Packpapier verschiedener Stärke,
rastriert, verschiedene handschriftliche Bezeichnungen
Inv. Nr. Mal 226 a–i/1961

Gustav Klimt, Stoclet-Fries (Detail)
Wien, 1905–12
Teil 6: Lebensbaum mit Rosenstrauch
verschiedene handschriftliche Bezeichnungen: „6. Teil von links" und Werkangaben:
„Blüthe nicht Mosaik Stengel Mosaik. Schmetterlinge nicht Mosaik anderes noch
zu bestimmendes Material Strauch samt Blumen und Stiel nicht Mosaik sondern
anderes Material S"
Inv. Nr. Mal 226 a–i/1961

Gustav Klimt, Stoclet-Fries (Detail)
Wien, 1905–12
Inv. Nr. Mal 226 a–i/1961

Margaret Macdonald, Waerndorfer-Fries
Detail aus der Mitteltafel
drei Gesso-Paneelen nach Maeterlincks „Die Sieben Prinzessinnen",
Ausführung: 1906 für den Musiksalon im Hause Fritz Waerndorfer
(jede Tafel: 152 x 200 cm)
Inv. Nr. Mal 348/1961

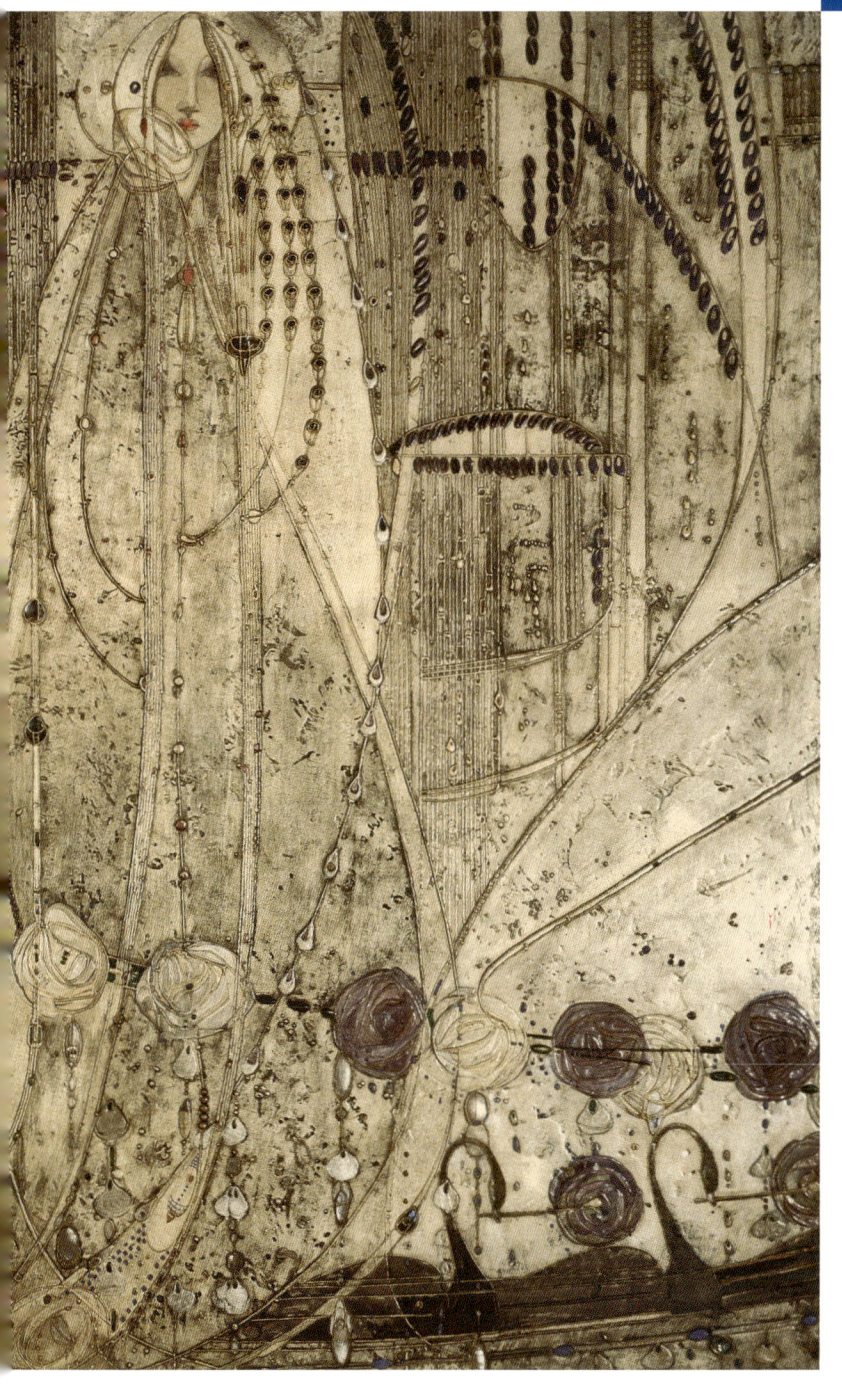

Schiebetisch
Wien, 1903
Entwurf: Koloman Moser, Ausführung: Caspar Hrazdil (?); Ahornholz, natur und
dunkel geheizt, massiv und furniert; Nickelbeschläge
Inv. Nr. H 2630/1981
Donation Gertrud von Webern

Armlehnsessel
Wien, 1927
Entwurf: Franz Singer; Ahorn, massiv, natur und braun
gebeizt, Buchenholz-Paneelplatte; rot gestrichen; Begurtung
Inv. Nr. H 3004/1989

Zierschrank
Wien, 1912
Entwurf: Rosa Krenn, Ausführung: Karl Adolf Franz (Marketeriearbeit), Florian Hrabal
(Tischlerarbeit); Zebranoholz und schwarz gebeiztes Ahornholz, furniert;
Marketerie aus Zebrano-, Amarant- und Ahornholz; Messingbeschlag
Inv. Nr. H 1397/1912

Schale
um 1914/15
Entwurf: Josef Hoffmann (Wiener Werkstätte);
violettes Farbenglas mit Schliff
Inv. Nr. Gl 3111/1972

Schale
um 1913
Entwurf: Josef Hoffmann; bläulich-opalfarbenes Glas
mit grünem Überfang und Ätzung
Inv. Nr. W.I. 1594/1915

Paravent
1906
Entwurf: Koloman Moser, Ausführung: Karl Beitl, Therese Trethan in der Wiener
Werkstätte; Blattgold, Papiercollage, auf Holzrahmen
Inv. Nr. WWPA 830/1995
Donation Tokyo Shimbun

Teile einer Bowlegarnitur
Prag, vor 1915
Entwurf: Josef Rosipal für Artěl;
Glas mit rotem Überfang und Schliff
Inv. Nr. W.I. 1523/1, 3–5/1915

Vase
um 1900
Bezeichnung: „Loetz Austria" eingeschnitten;
drei zweifach geschwungene Henkel
Inv. Nr. W.I. 15/1902
Donation Max Ritter von Spaun

Vase
Entwurf: Josef Hoffmann, um 1923, Ausführung: im Auftrag der Wiener Werkstätte,
vermutlich in Böhmen (1923–28, ca. 400 Stück in verschiedenen Ausführungen),
Werknummer: va 35, unbezeichnet
Inv. Nr. Gl 3311/1972

HEIMO ZOBERNIG
Kuratorin: Elisabeth Schmuttermeier

Die Grundlage für meine Wandmalerei in Farbauswahl und Gestaltung ist die Festschrift anlässlich des 25-jährigen Bestehens der Wiener Werkstätte im Jahre 1929. Aus der Sammlung der WW habe ich keine Auswahl getroffen. Die Ausstellung zeigt weitgehend die im MAK-Besitz befindlichen Objekte. Das MAK ist im Besitz des Nachlasses der Wiener Werkstätte. Die Wandgalerie zeigt den gesamten Umfang des WW-Archives, welches teilweise in Reproduktionen im Schauraum einsehbar ist. Für die Aufstellung der Wiener-Werkstätte-Objekte habe ich die Vitrinen aus den Beständen des MAK, welche seit Bestehen des Museums zu verschiedenen Zeiten und Zwecken in Verwendung waren, herangezogen. / Heimo Zobernig

Die Wiener Werkstätte wurde 1903 von Josef Hoffmann, Koloman Moser und Fritz Waerndorfer in Wien mit der Absicht gegründet, die formalen Aspekte der Gebrauchsgegenstände den veränderten Ansprüchen einer neuen Zeit anzupassen. Dem Bemühen, alle Bereiche des täglichen Lebens künstlerisch abzudecken, wurde durch einen breiten Produktionsradius entsprochen. Planung und Durchführung der architektonischen Aufträge oblag dem Baubüro, die Einrichtungsgegenstände wurden in der Tischlerei, der Lackiererei, der Buchbinderei, den Werkstätten für edle und unedle Metalle sowie für Lederarbeiten ausgeführt. Zwischen 1910 und 1920 wurde das Angebot noch durch eine Modeabteilung, durch Entwürfe für Stoffe und Tapeten, aber auch durch die Künstlerwerkstätten, in denen mit verschiedensten Materialien gearbeitet wurde, ausgeweitet. Die anfänglich streng geometrische Form der Gegenstände wurde bereits 1906 durch die Überwucherung derselben mit dekorativen Ornamenten aufgebrochen. Mit dem 1915 erfolgten Eintritt Dagobert Peches fand hinsichtlich seiner ungeheuren ornamentalen Fantasie die dekorative Richtung einen Höhepunkt. Das Abgleiten der Wiener Werkstätte auf ein mittelmäßiges künstlerisches Niveau, die unprofessionelle Betriebsführung, die schlechte weltwirtschaftliche Lage, die ein Schwinden der potentiellen Käuferschicht verursachte, führten mit vielen weiteren Faktoren schließlich 1932 zur Schließung des Unternehmens. 1937 wurde das Archiv der Wiener Werkstätte dem Österreichischen Museum für angewandte Kunst zum Ankauf angeboten. Alfred Hofmann, der letzte Besitzer des Archivs, schenkte es 1955 dem Museum. Das Archiv umfasst u. a. Entwurfszeichnungen sämtlicher Künstler der Wiener Werkstätte, außerdem Fotoalben, Modellbücher, Originalstoffmuster, Reinzeichnungen für Stickereien und Spitzen, Gebrauchsgrafik, Ordner mit Korrespondenz. / Elisabeth Schmuttermeier

Schreibschrank für die Familie Waerndorfer
Wiener Werkstätte, 1903/04
Entwurf: Koloman Moser; Makassar-Ebenholz, furniert,
Marketerie aus Madagaskar-Ebenholz, Buchsbaumholz,
Mahagoni, Elfenbein, Schildpatt, Messingbeschläge
Inv. Nr. H 2305/1976

Teeservice
Wiener Werkstätte, 1903
Entwurf: Josef Hoffmann, Ausführung: Konrad Koch;
Silber, Korallen, Ebenholz
Inv. Nr. Go 2005/1965

Pfeffer-Paprika-Büchse
Wiener Werkstätte, 1903
Entwurf: Josef Hoffmann;
Silber, Karneole
Inv. Nr. Go 2108/1990

Vase
Wiener Werkstätte, 1903/04
Entwurf: Koloman Moser;
Messing, Citrine
Inv. Nr. Me 915/1965

Prunkkassette
Wiener Werkstätte, 1906
Entwurf: Koloman Moser, Ausführung: Adolf Erbrich, Karl Ponocny;
Silber, Email, Halbedelsteine
Inv. Nr. Go 1397/1908

Ehrengabe zu Josef Hoffmanns 50. Geburtstag
Wiener Werkstätte, 1920
Entwurf: Dagobert Peche; Silber, Elfenbein,
Speckstein
Inv. Nr. Go 1788/1925

Anhänger
Wiener Werkstätte, 1903
Entwurf: Koloman Moser;
Silber, Opal
Inv. Nr. Bi 1495

AUSTERNGABEL

202   203 FISCHBESTECK   204   205 KREBSBESTECK

Entwurf für das „flache Besteck"
Wiener Werkstätte, 1904
Entwurf: Josef Hoffmann;
Bleistift, Tusche auf kariertem Papier
Inv. Nr. K.I. 12086/10/1956

Knieende
um 1928
Entwurf und Ausführung: Vally Wieselthier;
WW Originalkeramik KO-Nr. 6000
Inv. Nr. Ke 7237/1932

Bucheinband
Wiener Werkstätte, um 1914
Max Brod, Der Bräutigam, Berlin o. J.;
mehrfarbiges Maroquinleder mit
aufgelegtem Blumenstillleben und
strengem Linienornament
Inv. Nr. B.I. 21192/1936

MANFRED WAKOLBINGER

Kurator: Peter Noever

Frank O. Gehry, Santa Monica Residence
1978
Modell für den Umbau seines Wohnhauses; Holz, Metall, Plexiglas
Inv. Nr. GK 84a/1992

Raum für Architektur
Die Wand aus Glas verspricht Aussicht – in die Stadt und Utopien.
Im Raum verteilt – Räume.
Auf Arbeitstischen stehen Ideen, gedachte und gebaute.
Durch den Glassturz öffnet sich auf jedem Tisch eine neue Welt.
Das Verwirklichte erahnt man aus den Abbildungen an der Wand.
Lebbeus Woods' an die Wand geschriebenes Manifest gibt dem Ganzen
eine Klammer. / **Manfred Wakolbinger**

Der Architekturbereich wird durch Modelle und Zeichnungen von
Raimund Abraham, Günther Domenig, Driendl*Steixner, Frank O. Gehry,
Zaha Hadid, John Hejduk, Coop Himmelb(l)au, Friedrich Kiesler,
Daniel Libeskind, Thom Mayne – Morphosis Architects, Eric Owen Moss,
Carl Pruscha, Helmut Richter, Rudolph M. Schindler und Lebbeus
Woods präsentiert.

Coop Himmelb(l)au, UFA-Palast Dresden
1997–98
Architekturmodell, 1994
Holz, Messing, Acryl, Styrofoam, eingebaute Video-Tonwiedergabe;
Maßstab 1:50
Inv. Nr. GK 215/2000

(Angewandte) Kunst muss auch heißen, Fragen der Beziehung von Kunst und Gebrauch, von Kunst und Alltag zu stellen.

Die Arbeiten von den in diesem Raum gezeigten Architekten demonstrieren und dokumentieren eine Sichtweise, die den Maßstab für Architekten als universellen Charakter begreifen.

So unterschiedlich die einzelnen Positionen auch sein mögen, so ist ihnen doch eines gemeinsam: Allen in der Sammlung vertretenen Architekten geht es um ein neues architektonisches Denken. Sie alle zeigen uns, dass es für die heutige Architektur keinen vorgezeichneten Weg mehr gibt. Utopische Bauvisionen, Idealentwürfe, Projektionen der Verkoppelung von Rationalität und Manifestation stehen neben Projekten, die die Architektur auf ihre soziale Nutzbarkeit hin überprüfen. / Peter Noever

Daniel Libeskind, Main staircase-facade study model
1994
Jüdisches Museum Berlin, 1989–99
Architekturmodell; Karton, Aluminium; Maßstab 1:200
Inv. Nr. GK 198/1999

Zaha Hadid, Vitra Feuerwehrhaus, Weil am Rhein, Deutschland
1996
Architekturmodell; rostfreier Stahl, mit Stahlpodest; Maßstab 1:50
Inv. Nr. GK 165/1996

PETER NOEVER
Kurator: Peter Noever

Der Ort für die Künstler der Gegenwart musste dem Dachboden des Museumsgebäudes abgerungen werden. Erschlossen wird der Raum über eine eigene Treppenanlage, die ihn in den Rhythmus der bestehenden Schausammlungssäle einbindet und dennoch seine Abgeschiedenheit nur zum Teil aufhebt. Frei von ästhetischen Spekulationen und Formalismen ist dies ein heller, übersichtlicher, ungeteilter, offener (Atelier-)Raum, der ausgewählte autonome, individuelle, universelle Beispiele zeitgenössischer künstlerischer Produktion beherbergt. Die auf komplexe Weise miteinander in Beziehung stehenden, eigenständigen, aus ihrem ursprünglichem Kontext herausgerissenen Kunstwerke, Installationen und Skulpturen schaffen und beleben mit ihrer Dynamik, ihren Inhalten und Spannungsfeldern eine neue räumlich-emotionale Skulptur. / Peter Noever

Nicht die Zementierung von Kunst, sondern das Erproben, das Suchen und Ausloten muss im Vordergrund einer Sammlung für Gegenwartskunst stehen. Wenn mit dem Gründungsgedanken des MAK – Österreichisches Museum für angewandte Kunst noch die Förderung der kunsthandwerklichen Tätigkeit und Produkte verbunden war, die Hebung des Geschmacks und die Vorbildhaftigkeit, so geht es heute vor allem auch darum, sich mit aktuellen Ereignissen und Produktionen aus einer bestimmten Perspektive heraus auseinanderzusetzen, das Ineinandergreifen in den Grenzbereich zwischen „bildender" und „angewandter" Kunst in einer Sammlung darzustellen.

Begonnen 1986 sucht die Sammlung *Gegenwartskunst* die Auseinandersetzung mit Kunstwerken unserer Zeit, den Dialog mit den Künstlern und dokumentiert zeitgenössische Kunstströmungen. Mit Arbeiten im öffentlichen Raum, unter anderem von Donald Judd im Stadtpark, Philip Johnson am Schottenring und Franz West auf der Stubenbrücke, tritt die Sammlung *Gegenwartskunst* mit kompromisslosen Werken für einen offenen Umgang und ein zu erweiterndes Verständnis für Kunst ein. Die museale, einseitige Aufarbeitung von Kunst muss vermieden werden und das Ziel der Sammlung ist es, sich permanent den Fragen und Themen der Zeit zu stellen. Der Schwerpunkt der Orientierung der MAK-Sammlung *Gegenwartskunst* beruht auf Arbeiten jener Künstler, die durch Ausstellungen und andere Events in einem direkten Bezug zu diesem Haus stehen. Wesentliche Teile der Sammlung mit Werken unter anderem von Vito Acconci, Herbert Bayer, Günter Brus, Gregor Eichinger, Heinz Frank, Padhi Friedberger, Bruno Gironcoli, Magdalena Jetelová, Donald Judd, Birgit Jürgenssen, Milan Knizak, Brigitte Kowanz, Hans Kupelwieser, Heinz Leitner, Christoph Lissy, Helmut Mark, Oswald Oberhuber, Walter Pichler, Arnulf Rainer, Alfons

Donald Judd, Ohne Titel
1989
Aluminium lackiert
Inv. Nr. GK 97/1993

Schilling, Eva Schlegel, Hubert Schmalix, Rudolf Schwarzkogler, Ingeborg Strobl, Mario Terzic, James Turrell, Manfred Wakolbinger, Hans Weigand, Franz West und Heimo Zobernig sowie experimentelle Architekturprojekte und Manifestationen von Raimund Abraham, Coop Himmelb(l)au, Günther Domenig, Frank O. Gehry, Zaha Hadid, John Hejduk, Friedrich Kiesler, Eric Owen Moss, Rudolph M. Schindler, Carl Pruscha und Lebbeus Woods werden seit 1995 im MAK-Gegenwartskunstdepot im Gefechtsturm Arenbergpark präsentiert. / Peter Noever

Gordon Matta-Clark, Bronx Floor: Floor Above, Ceiling Below
1972
Holz, Wandverputz, Tapetenreste
Inv. Nr. GK 154/1996

James Turrell, South Space
1998
2-teiliges Modell (Roden Crater); Holz, Gips, Farbe;
Maßstab 1:48
Inv. Nr. GK 193/1998

Franz West, 12 Diwans
1996
Eisen, Schaumstoff, Jute, afrikanische Stoffe, bestehend aus 25 Objekten
Inv. Nr. GK 194/1999

Hans Kupelwieser, Ohne Titel
1988
Eisen, zweiteilig
Inv. Nr. GK 27/1989

Alfons Schilling, Ohne Titel (Rotationsbild)
1962
Pulverfarben mit Kunstharz auf Leinwand (in Rotation gemalt),
Rotationsmotor, Bewegungsmelder
Inv. Nr. GK 244/2002
Donation Udo Saldow in memoriam Lore Saldow

GANGART
Kuratorin: Angela Völker

Um dem Anachronismus bildergleich aufgehängter Teppiche zu begegnen, sind senk- und waagerechte Präsentationsflächen im selben Material gefertigt und bilden eine losgelöste Einheit mit der Aufgabe, die Exponate zu „fassen". Die Teppiche werden ohne einzelne Umrahmung montiert, was als Erscheinungsbild ihrer Verwendbarkeit entspricht.

Diese Präsentationsflächen sind in Bezug auf die vorgegebenen architektonischen Parameter proportioniert und bestehen aus zwei im Schnitt L-förmigen Baukörpern, die sich entlang der Längsachse des Saales entwickeln. Sie sind abgehoben von Boden und Wänden, ihr „Schwebe"-Zustand wird durch die begrenzte Ausleuchtung unterstützt. Die Farbe der Elemente ist eine Reaktion auf die herrschenden warmen Töne der Exponate; in ihrem Charakter treten sie zurück, den Teppichen wie auch den architektonischen Gestaltungselementen gegenüber.

Der verbleibende Mittelgang definiert den Rezeptionsmodus über die Vorgabe des Betrachtungsabstandes wie auch über die Richtungsvorgabe im Betrachtungsablauf. / GANGART

Die Sammlung orientalischer Teppiche im MAK gehört zu den wertvollsten und berühmtesten, wenn auch nicht zu den umfangreichsten Orientteppichsammlungen der Welt. Ihren Schwerpunkt, „klassische" Teppiche des 16. und 17. Jahrhunderts, verdankt die Wiener Sammlung dem ehemaligen österreichischen Kaiserhaus, dessen Teppiche nach dem Ersten Weltkrieg in seinen Besitz übergingen, wie der seidene Jagdteppich oder der einzige auf der Welt erhaltene seidene Mamlukenteppich. Bis heute ist nicht bekannt, wie die einzelnen Teppiche in den Besitz des österreichischen Kaiserhauses gelangten, wo man sie als – meist überaus hoch geschätzten – Haushaltsgegenstand, nicht als Sammelobjekt behandelte.

Im Orient ist der Knüpfteppiche auf dem Boden der wichtigste Einrichtungsgegenstand, im Zelt des Nomaden sowie im Palast eines Herrschers. Künstlerische Erfindungsgabe, handwerkliches Geschick und kostbare Materialien werden deshalb reichlich eingesetzt.

Neben frühen Eigenerwerbungen des Museums ist schließlich als dritte Quelle das k.k. Orientalische beziehungsweise Handelsmuseum zu nennen, dessen Teppiche 1907, nach seiner Auflösung, ins MAK gelangten. / Angela Völker

Seidener Knüpfteppich – Mamlukenteppich
Kairo (Ägypten), Anfang 16. Jahrhundert
Kette, Schuss, Flor: Seide; asymmetrischer Knoten, 547 x 298 cm
Inv. Nr. T 8332/1922
ehemals kaiserlicher Besitz

Jagdteppich
Kaschan (Mittelpersien), erste Hälfte 16. Jahrhundert
Kette, Schuss, Flor: Seide; asymmetrischer Knoten, broschiert, 687 x 331 cm
Inv. Nr. T 8336/1922
ehemals kaiserlicher Besitz

Vasenteppichfragment
Kerman (Südpersien), zweite Hälfte 17. Jahrhundert
Kette: Baumwolle; Schuss: Wolle, Seide; Flor: Wolle; asymmetrischer Knoten, 249 x 152 cm
Inv. Nr. Or 359/1907
ehemals Orientalisches Museum

Herat-Teppich mit Kassetten
Ostpersien, spätes 16. Jahrhundert
Kette: Baumwolle; Schuss: Baumwolle, Wolle; Flor: Wolle;
asymmetrischer Knoten, 540 x 273 cm
Inv. Nr. T 9026/1941

Gebetsteppich
Istanbul oder Brussa, zweite Hälfte 16. Jahrhundert
Kette, Schuss: Seide; Flor: Wolle, Baumwolle;
asymmetrischer Knoten, 181 x 127 cm
Inv. Nr. T 8327/1922
ehemals kaiserlicher Besitz

Knüpfteppich
Nordindien, Lahore, um 1600
Kette, Schuss: Baumwolle; Flor: Wolle;
asymmetrischer Knoten, 233 x 158 cm
Inv. Nr. Or 292/1907
ehemals Orientalisches Museum

Fliese
Persien, 17./18. Jahrhundert
Keramik mit geometrischem
Ornament in Emailglasur
Inv. Nr. Ke 10563/1989

Rosette
gestiftet von Sultan Lagin im Jahre 1296 vom Minbar der Ibn Tulun-Moschee in
Kairo, zusammengesetzt aus 35 geschnitzten und intarsierten Holzpaneelen
Inv. Nr. Or 3405/1892
ehemals Orientalisches Museum

Kurator: Johannes Wieninger
Gestaltung: Peter Noever

Eine Ostasiensammlung, die im Verband mit europäischer Kunst gezeigt wird, ist ein Orientalismus an sich. All die hier ausgestellten Kunstwerke wurden schließlich von Europäern ausgesucht. Es wird europäischer Geschmack repräsentiert, in dem die jahrhundertealte Wechselbeziehung zwischen Asien und Europa nachlebt. Einige hier zur Schau gestellte Gruppen – wie etwa die Kangxi-Porzellane aus der Sammlung August des Starken, Objekte aus habsburgischem Besitz oder auch Porzellane mit europäischen Goldmontierungen – sind seit Jahrhunderten in Europa beheimatet und haben unsere Kunstgeschichte nachhaltig beeinflusst. Andere wurden während der ersten Hälfte des 20. Jahrhunderts nach Europa gebracht, um ein der kunstgeschichtlichen Entwicklung entsprechendes Bild Asiens darstellen zu können. Das Nebeneinander europäischer und asiatischer Kunstwerke hat Tradition, die bis in das Mittelalter zurückreicht und eben auch in unserem Museum seine Fortsetzung findet; auch hier gab es bis vor etwa fünfzig Jahren keine Ostasienabteilung: Bis dahin waren die Objekte auf die „europäischen Abteilungen" aufgeteilt.

Der Ausstellungsraum ist ein zentraler Raum, um den sich die Studiensammlungen gruppieren. In den Vitrinen wird vor allem der Schwerpunkt der Sammlung präsentiert: chinesische und japanische Keramik und Porzellan vor allem aus dem 18. Jahrhundert. Beachtenswert sind aber auch die Teekeramiken aus China und Japan. Auf den vier zentralen Podesten werden als permanente Ausstellung buddhistische Skulpturen und Plastiken vom 4. bis ins 18. Jahrhundert gezeigt. Die Präsentationsform ist von der Idee eines „Lapidariums" geprägt: Nicht die Rekonstruktion einer ursprünglichen Situation ist beabsichtigt, sondern die Darstellung der Kunstobjekte und ihrer Geschichtlichkeit, d.i. auch die oft gewaltsame Entfernung aus ihrem Bestimmungszweck. / **Johannes Wieninger**

Schüssel
China, Yuan-Dynastie (1234–1368), Mitte 14. Jahrhundert
Porzellan mit Bemalung in Kobaltblau unter der Glasur
Inv. Nr. Ke 2259/1873

Schale
China, Ming-Dynastie (1368–1644), zweite Hälfte 14. Jahrhundert
Holz mit Schnitzlack in verschiedenfarbigen Lackschichten
(so genannter „Guri-Lack")
Inv. Nr. La 220/1948

Einhorn (Grabfigur)
China, Wuwei (Gansu), Han-Dynastie (25–220)
Holzskulptur mit Resten schwarzer Bemalung
Inv. Nr. Pl 896/1992

Kopf eines Tempelwächters
China, Tang-Dynastie (618–907)
Fragment einer grobkörnigen
Kalksteinskulptur
Inv. Nr. Pl 659/1948

Bodhisattva
China, Song-Dynastie
(960–1279),
12. Jahrhundert
Holzskulptur mit
Resten der
ursprünglichen
Fassung
Inv. Nr. Pl 846/1948

Priester der Nichirensekte
Japan, Edo-Periode (1603–1868), (vor 1700)
Holzskulptur mit Lackfassung
Inv. Nr. Pl 859/1989

Sattel
Japan, Edo-Periode (1603–1868), 19. Jahrhundert
Holzsattel mit Goldlackrelief über Goldgrund, datiert
1549, Lackdekor im 19. Jahrhundert erneuert
Inv. Nr. La 257/1948

Deckeldose
Japan, Kyoto, Edo-Periode (1603–1868),
zweite Hälfte 17. Jahrhundert
Signiert: „Nonomura Ninsei" (1627–1695);
Steinzeug mit Bemalung in Schmelzfarben
und Gold auf der Glasur
Inv. Nr. Or 1024/1873

KÜNSTLERBIOGRAFIEN

SCHAUSAMMLUNG
KÜNSTLERISCHE INTERVENTIONEN

BARBARA BLOOM

Geboren 1951 in Los Angeles, lebt und arbeitet in New York.
Barbara Bloom transformiert Objekte diverser Kulturen zu Kompositionen und Installationen und beschäftigt sich in ihren Arbeiten mit sozialen Fragestellungen, die die Themen Konsum, Information und Realität betreffen. Schönheit und Symmetrie dienen in ihren Arbeiten als Instrumente für die Untersuchung von Illusion, Zerbrechlichkeit und Vergänglichkeit in unserer zeitgenössischen Kultur.

EICHINGER ODER KNECHTL

Gregor Eichinger: Geboren 1956, Christian Knechtl: Geboren 1954, leben und arbeiten in Wien.
Für Eichinger oder Knechtl ist die Architektur das entscheidende Fundament, jedoch akzeptieren sie deren Grenzen und Beschränkungen längst nicht mehr. Als Typografen entwarfen sie etwa die Gestaltung des Covers einer Stadtzeitung, das als Beitrag zu an verschiedensten Orten auftauchenden Zeichen der Stadtgestaltung aufgefasst wurde. Anhand konkreter Projekte haben Eichinger oder Knechtl Verbindungen von Architektur mit Typografie, Comics, Philosophie, Malerei und Innenarchitektur entwickelt.

GÜNTHER FÖRG

Geboren 1952 in Füssen, lebt und arbeitet in Areuse, Schweiz.
Seine einzigartige Position innerhalb der Gegenwartskunst verdankt Günther Förg seiner Vielseitigkeit und Mehrschichtigkeit, die wichtige Werkgruppen in unterschiedlichsten Medien wie Fotografie und Bildhauerei entstehen ließ, wobei im Zentrum seiner Arbeit jedoch nach wie vor die Malerei steht.

GANGART

Die Künstlergruppe Gangart, gegründet in Wien 1985, arbeitet in verschiedenen Medien (Environment, Film, Bewegung, Musik). Die sorgfältig geplanten Konzepte für ihre Interventionen, die mit letzter Konsequenz den Fragen von Präsentation, Geschichte und Ästhetik begegnen, entstehen auf der Basis eingehender Recherche, der immer der Raum als Ausgangspunkt zu Grunde liegt.

FRANZ GRAF

Geboren 1954 in Tulln, Niederösterreich, lebt und arbeitet in Wien.
Franz Graf zählt zu den wichtigsten Vertretern einer neokonzeptuellen
Haltung. Er verbindet in seinen Arbeiten oft konträre Medien wie Zeich-
nung, Fotografie und Installation, deren Kombination immer wieder zu
einer neuen und offenen Struktur in seinem Werk führen. Die Bandbreite
seiner Motive umfasst Abstraktion, Ornamentales, Figuratives, Symbo-
lisches, Emblematisches sowie die faktische Abbildung der Wirklichkeit
mit der Kamera.

JENNY HOLZER

Geboren 1950 in Gallipolis, Ohio, lebt und arbeitet im US-Bundesstaat
New York.
Mit ihren Arbeiten untersucht die Medien- und Objektkünstlerin Jenny
Holzer die Möglichkeiten und Methoden zur Verbreitung ihrer Ideen
und den Anliegen der Kunst im öffentlichen Raum. Seit den 1970er
Jahren verwendet Holzer Medien, die es ihren Arbeiten erlauben, mit
der Umgebung zu verschmelzen. Die Texte ihrer Kunstwerke harmonie-
ren als Kommentare mit der Umwelt, stimulieren das Bewusstsein und
konfrontieren den Betrachter mit den sozialen Verhältnissen, die durch
die spezifischen Bedingungen des Ortes vermittelt werden.

DONALD JUDD

Geboren 1928 in Excelsior Springs, Missouri, gestorben 1994 in New
York.
Der Maler, Zeichner, Bildhauer, Architekt, Kunstkritiker und Philosoph
Donald Judd war einer der wichtigsten Vertreter der Minimal Art, der
wie kein anderer Künstler das Verhältnis von Kunst und Raum neu
definiert hat. 1971 übersiedelte Judd nach Marfa, Texas, wo er die 1986
eröffnete Chinati Foundation gründete, die Werke Donald Judds und
seiner Künstlerkollegen permanent präsentiert und eines der großen
Anliegen Judds – die adäquate Präsentationen von Kunst – eindrücklich
vor Augen führt und mit dazu beigetragen hat, dass sich im Laufe der
Jahre die gesamte Museumskultur zugunsten ganzheitlich gestalteter
Räume verändern sollte.

PETER NOEVER

Geboren 1941 in Innsbruck. Designer, seit 1986 Direktor und künstlerischer Leiter des MAK, Wien.
Von 1988 bis 1993 oblag ihm die künstlerische Leitung der Generalsanierung und der baulichen Umgestaltung des MAK, die 1996 vom
Council of Europe, Strasbourg mit dem Preis „Museum of the Year Award"
ausgezeichnet wurde. Zahlreiche verwirklichte Architektur- und

Designprojekte. Nach Gründung und Eröffnung des MAK Center for Art and Architecture 1996 in Los Angeles ist nun die Umsetzung des Projektes „CAT – Contemporary Art Tower" in Wien seine zentrale Herausforderung.

MANFRED WAKOLBINGER

Geboren 1952, Bildhauer, lebt und arbeitet in Wien.

Manfred Wakolbinger stellt sich dem dreidimensionalen Abenteuer und untersucht in seinen Arbeiten seine persönliche Beziehung zur physischen Welt und versucht, eine skulpturale Sprache für die Kommunikation zu entwickeln. Jede Entwicklung seiner Arbeit ist inspiriert von der kontinuierlichen Auseinandersetzung und Reflexion über die darstellerischen Möglichkeiten der Skulptur und der Kraft elementarer Formen.

HEIMO ZOBERNIG

Geboren 1958 in Mauthen, Kärnten, lebt und arbeitet in Wien.

Heimo Zobernigs vielseitiges Werk liefert bedeutende Beiträge zum internationalen Diskurs zur Kunst und dem Umgang mit Kunst. Mittels effizientem Einsatz reduzierten Vokabulars thematisiert er starre Wahrnehmungsmuster und nimmt eine kritische Position gegenüber dem Betriebssystem Kunst ein.

DIE STUDIENSAMMLUNG

DIE STUDIENSAMMLUNG

In der Studiensammlung zeigt das MAK einen Teil seiner umfangreichen Bestände in materialspezifisch technologischer Ordnung. Sie entspricht der Spezialisierung der Sammlungsleiter. Die Museumsobjekte werden außerdem in typologische, historische oder funktionsbezogene Zusammenhänge gestellt.

Die *Möbelsammlung* zeigt in einem Saal eine vielfältige Typologie des Sitzmöbels und in einem anderen Raum wechselnde Ausstellungen, hauptsächlich aus dem Fachbereich Holz. Zu dieser Sammlung gehört auch der hier permanent präsentierte Nachbau der „Frankfurter Küche" von Margarete Schütte-Lihotzky.

Die Vielfalt der *Metallsammlung* kommt in der nach Typen geordneten Präsentation der Metallgegenstände zur Geltung. Kerzenleuchter, Becher, Kannen oder Schüsseln vermitteln einen Eindruck ihrer stilistischen und funktionalen Entwicklungsstufen.

Die *Glassammlung* präsentiert wechselnde Ausstellungen, so dass ein Überblick über jeweils einen Teil der Kunstgeschichte des Glases entsteht.

In der *Porzellansammlung* dokumentiert der besonders reiche Bestand an Wiener Porzellan die Geschichte der Wiener Porzellanmanufaktur zusammen mit Beispielen aus anderen europäischen Porzellanproduktionen.

Die *Textilsammlung* schließlich zeigt ebenfalls in wechselnden Ausstellungen Teilbereiche aus ihren historisch und regional breit gefächerten Beständen.

Die einfache Präsentation der Objekte in einem für alle Sammlungen einheitlichen Vitrinensystem unterstreicht den spezifischen Charakter der Studiensammlung und dient der übersichtlichen Zugänglichkeit möglichst zahlreicher Objekte. Den Besucher soll diese Art der Präsentation zu vergleichenden Betrachtungen anregen. Hier steht die Fülle der Objekte und der Variationsreichtum der Formen und Materialien im Vordergrund.

Ausschnitt aus der „Sesselwand", chronologisch-formale Assoziationen

KUNSTBLÄTTERSAAL

Kuratorin: Kathrin Pokorny-Nagel

Die aus konservatorischer Sicht einzuhaltenden Standards machen eine permanente Präsentation von Papier unmöglich, daher wurde der ehemalige Lesesaal durch den Umbau der Bibliotheksräume im Rahmen der Generalsanierung des MAK für wechselnde Ausstellungen von Kunstblättern adaptiert und dafür ein Schienensystem mit beweglichen Rahmen, die sich bei Bedarf zu Vitrinen umbauen lassen, entwickelt. Jährlich kuratiert die MAK-Bibliothek und Kunstblättersammlung Ausstellungen aus den eigenen Beständen oder übernimmt Wanderausstellungen. Die Themen der letzten Jahre, von Plakaten, Architekturprojekten bis zu Stilkopien und japanischen Holzschnitten, belegen die Vielfalt des Programmes, die sich aus der Vielschichtigkeit der Sammlungen ergibt. / **Kathrin Pokorny-Nagel**

MAK-Kunstblättersaal
Blick in die Ausstellung „Ernst Deutsch-Dryden. En Vogue!", 2002
Gestaltung: Michael Embacher

Internationale Kunstausstellung Sezession
1924
Entwurf: Friedrich Kiesler
Inv. Nr. P.I. 479/1924

Hamza Nama
(indopersischer Heldenroman)
1562–77
Hamza reist nach Abessinien
und tötet einen Drachen
Inv. Nr. K.I. 8770/15/1873

DESIGN-INFO-POOL
Kuratorin: Heidemarie Caltik

Der 1990 gegründete MAK-Design-Info-Pool (DIP) befasst sich mit allen Aspekten des zeitgenössischen Designs. Im Rahmen der Gesamtstrategie des MAK ist er nicht nur Kommunikator, Clearingstelle und Forschungslabor, sondern seit 2000 auch ein Sammlungssegment des Museums. Hier wird versucht, dem traditionellen Sammeln über die physische Anhäufung ausgewählter Objekte hinaus eine adäquate Form im virtuellen Kontext zu geben, um einen zeitgemäßen Zugang zu den Inhalten zu ermöglichen. Im Zuge angewandter Grundlagenforschung wurde in den letzten zwölf Jahren ein Archiv zu österreichischem Gegenwartsdesign angelegt. Das Designarchiv ist eine in dieser Form und Materialfülle einzigartige Museumssammlung und umfasst u. a. Werkdokumentationen, Portfolios und Publikationen von mehr als 800 österreichischen Gestaltern. Das Spektrum reicht von klassischem Industriedesign bis zum handwerklich orientierten Produktdesign, Möbel- und Lichtdesign, Textildesign, Mode und Schmuckgestaltung und bezieht die Grenzbereiche zur Architektur und Kunst ein. Neben der wissenschaftlichen und dokumentarischen Arbeit werden seit 1994 digitale Formen der Designvermittlung eingesetzt, u. a. in Form einer umfassenden Designdatenbank im Internet. Im Rahmen eines EU-Projektes wurden neue Techniken der Museumspräsentation und Museumsdidaktik entwickelt, um die Standards für Informationssaufbereitung und -visualisierung zu optimieren. Die Beteiligten (Designer, Architekten, Künstler) haben die Möglichkeit, die Veröffentlichung von Designinformationen und die Aktualisierung ihrer Portfolios selbst online vorzunehmen: www.MAK.at/design

Im Frühjahr 2001 wurde der Ausstellungszyklus DESIGN SHOWCASES© begonnen. In dynamischer Abfolge und an wechselnden Schauplätzen im MAK werden ausgewählte Designer und Designstudios vorgestellt. Dieses aus der Sammlung heraus entwickelte Programm hat sich zur Aufgabe gestellt, den Designentwicklungsprozess zu veranschaulichen, Spezialarchive aufzubauen und dreidimensionale Arbeiten (Prototypen, Null-Serien, Werkzyklen) in die Sammlung aufzunehmen. Den programmatischen Schwerpunkt bilden internationale Österreicher, Joint Ventures zwischen Designern und Industrie, Design im virtuellen Medium, im öffentlichen Raum und im Grenzbereich zur Kunst. Diese Themen werden durch Forschungstätigkeit, Vorträge, MAK-NITE©-Events, Ausstellungen und Publikationen vertieft. / **Heidemarie Caltik**

Carol Christian Poell, Fe-Male S/S 00, Male F/W 01/02
C.C.P. Spezialarchiv
oben links: Sonnenbrillenlinse mit elastischem Lederband; oben rechts:
transparenter Ledermantel; unten links: Hauthandschuh aus transparentem
mumifiziertem Lammleder; unten rechts: Baumwollhemd

Blick in die Ausstellung „Design Showcases 2001: Heidi Altimonti Trendbüro"

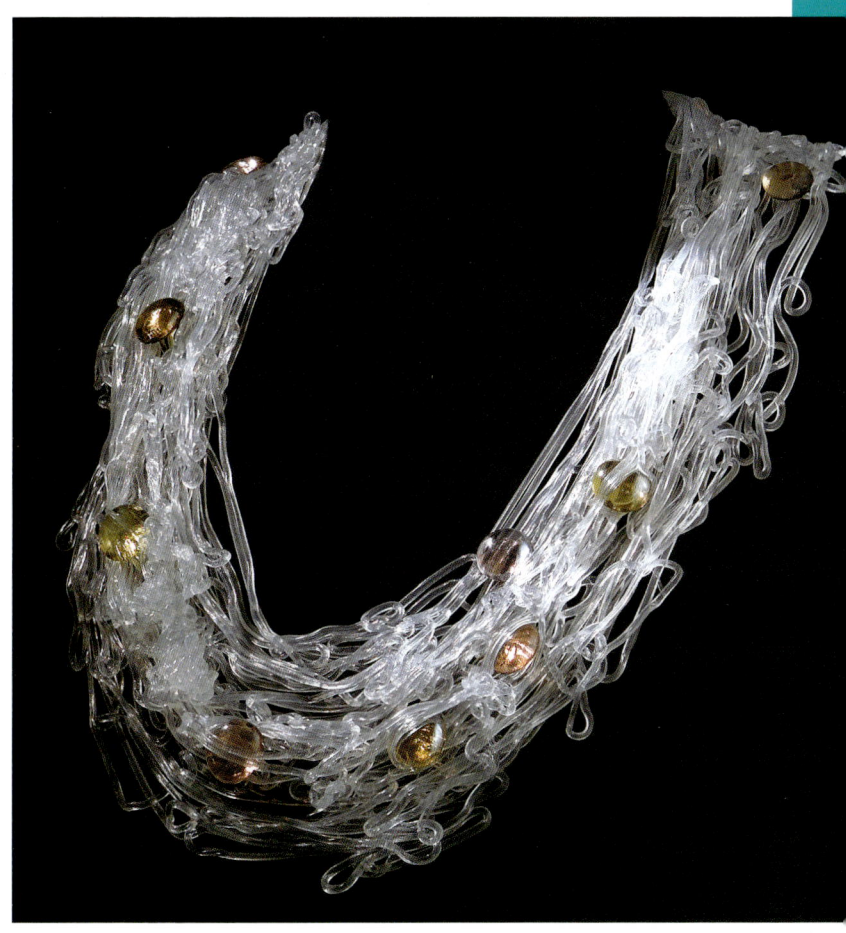

Marion Kuzmany, Hybridschmuck
2001
Collier; Silkon, Glassteine;
computergeneriert (www.hybridschmuck.at)
Inv. Nr. Bi 1734/2001

STUDIENSAMMLUNG GLAS

Kuratorin: Waltraud Neuwirth

In der Studiensammlung Glas soll ein Überblick über die Entwicklung der Glasmalerei vom 15. bis 17. Jahrhundert und des Hohlglases vom 17. Jahrhundert bis in unsere Zeit gegeben werden. Die frühesten Stücke der Glasmalereisammlung des MAK stammen aus dem 14. Jahrhundert: Die Dreifaltigkeitsdarstellung – eine Scheibe aus Stift Heiligenkreuz – zählt zu den ältesten erhaltenen österreichischen Glasgemälden überhaupt. Glasmalereien des 15. Jahrhunderts aus St. Stephan in Wien sowie zwei Wiener Neustädter Tafeln aus dem 16. Jahrhundert sind qualitätvolle Beispiele spätmittelalterlicher Glasmalerei. Bei den weltlichen Glasgemälden handelt es sich vor allem um Wappenscheiben für Bürgerstuben in der Schweiz und Deutschland vom 16. bis 17. Jahrhundert, deren Vorlagen Stiche und Zeichnungen berühmter Künstler bildeten.

Die Glassammlung des MAK verfügt über eine bedeutende Zahl gravierter und geschliffener Gläser aus böhmischen und schlesischen Hütten vom 16. bis 18. Jahrhundert. Außerdem waren mit Emailfarben und Schwarzlotmalerei versehene Wappengläser beliebt, besonders die bunten Reichsadlerhumpen. Auch die Technik des „Zwischengolddekors" wurde gepflegt. Ein später Meister dieser Technik war der von 1788 bis 1808 in der Glashütte Guttenbrunn in Niederösterreich tätige Johann Josef Mildner.

Nach 1775, besonders aber mit Beginn des 19. Jahrhunderts, setzte sich eine Reduktion in Form und Dekor durch. Die Glaskünstler des Biedermeier bevorzugten einfache Becher mit oder ohne Schaft, denen die Bemalung mit Emailfarben und das „Beizen" mit Farbtinkturen die Farbigkeit gab. Die „Hyalith"- oder „Lithyalingläser" ahmen aus Mineralien geschnittene Becher nach. „Überfanggläser" aus übereinandergelegten Glasschichten entstanden im Manufakturbetrieb in böhmischen Glashütten. Berühmte, mit durchsichtiger Emailmalerei versehene Gläser stammen von Glasmalern wie Sigismund und Samuel Mohn oder der Werkstätte von Anton Kothgasser.

Im Historismus suchte man an vergangene Stile anzuschließen. Die Orientierung an Vorlagen aus dem Nahen Osten bildete eine Sonderform, wie die große Sammlung orientalisierender Gläser der Wiener Firma J. & L. Lobmeyr zeigt.

War das Museum schon im Historismus ein großer Anreger, verstärkte sich diese Tendenz im Jugendstil. Neben Vorbildern wie Louis C. Tiffany aus den USA oder Emile Gallé aus Frankreich, mit deren Werken die besten Produkte österreichischer Glashütten wetteiferten, übten die an der Wiener Kunstgewerbeschule und ab 1903 in der Wiener Werkstätte

Blick in die Studiensammlung Glas

tätigen Entwerfer wie Koloman Moser und Josef Hoffmann großen Einfluss aus.

Im Art Déco waren vor allem französische Glaskünstler stilbildend. In den 1950er Jahren lieferten die italienischen und skandinavischen Glasindustrien mit ihren einfach geformten, stark farbigen oder transluziden Gläsern zeitgemäße Produkte. Venini, Murano und Seguso in Italien, Ørrefors in Schweden und Entwerfer wie Timo Sarpaneva in Finnland sind im MAK mit wichtigen Objekten präsentiert.

Die Glaskunst der Gegenwart zeichnet sich durch eine Trennung von Glasdesigner und Glaskünstler aus. Moderne Glasproduzenten richteten Ateliers ein, in denen Glaskünstler mit den unerschöpflich scheinenden Möglichkeiten der Glasproduktion experimentieren können. / Rainald Franz

Glasmalerei
um 1370
zwei Scheiben aus St. Stephan, Wien (Bartholomäus-
Kapelle), Anbetung der Heiligen drei Könige
Inv. Nr. Gl 2227 a, b/1914

Fazzoletto
Ausführung: Venini, Murano, 1950/60; weißes Glas mit grünem Überfang;
Bezeichnung: „venini murano ITALIA"
Inv. Nr. Gl 3528/1985

STUDIENSAMMLUNG KERAMIK

Kuratorin: Waltraud Neuwirth

Den Schwerpunkt der Studiensammlung Keramik bilden ausgewählte Wiener Porzellane, vor allem aus der Gründungszeit der Wiener Porzellanmanufaktur, sowie Erzeugnisse anderer wichtiger europäischer Porzellanmanufakturen wie Meißen oder Augarten. Eine Auswahl österreichischer Keramik des 20. Jahrhunderts, u. a. Entwürfe für die Wiener Werkstätte und Keramiken aus den Werkstätten Michael Powolnys und Hugo F. Kirschs, vervollständigen die Präsentation.

Die fast 150 Jahre lange Geschichte der Wiener Porzellanmanufaktur (1718–1864) kann in fünf Abschnitte gegliedert werden, die jeweils durch eine bedeutende Persönlichkeit gekennzeichnet sind. Die Porzellanherstellung in Wien begann acht Jahre, nachdem in Meißen das Geheimnis der Zusammensetzung der Porzellanmasse, das so genannte Arkanum, entdeckt worden war. Als erster bekam Claudius Innocentius du Paquier 1718 durch Kaiser Karl VI. für 25 Jahre das Privileg, Porzellan herstellen und vertreiben zu dürfen. Bis 1744 entstanden unter seiner Leitung vorwiegend zum Gebrauch bestimmte Tafelservice, Vasen oder Uhren. Der zweite, durch das Rokoko geprägte Abschnitt von 1744 bis 1784, in dem besonders qualitätvolle Porzellanskulpturen sowie szenische und florale Miniaturen entstanden, wird als „plastische Periode" bezeichnet. In dieser Zeit hatte der Staat die Manufaktur übernommen.

Conrad Sörgel von Sorgenthal prägte die klassizistische Produktion der Jahre 1784 bis 1805, die durch hervorragende Porzellanmalereien mit Reliefgolddekor und Kobaltblau gekennzeichnet war. Auch das Biskuitporzellan – unglasierte weiße Gefäße oder Figuren – erfreute sich im Klassizismus besonderer Beliebtheit. Mathias Niedermayer (1805–27) und Benjamin von Scholz (1827–33), die Direktoren der Manufaktur im Biedermeier, setzten den Schwerpunkt auf Figuren- und Historienmalerei, Wiener Veduten, Blumenmalerei und „leichte Dessins".

Der Niedergang der Manufaktur setzte im Historismus ein: Die Produktion aus der Mitte des 19. Jahrhunderts ist relativ unbekannt bis auf besondere Einzelstücke, z. B. das großformatige Blumenstillleben von Joseph Nigg und die Serien von Biskuitköpfen prominenter Persönlichkeiten. 1864, nach der Schließung der Wiener Porzellanmanufaktur, übernahm das im selben Jahr gegründete Österreichische Museum für Kunst und Industrie, heute MAK, deren künstlerischen Nachlass.

Erst um 1900 entstand in Wien wieder eine eigenständige Porzellanproduktion. Als Künstler sind u. a. Koloman Moser, Josef Hoffmann, Jutta Sika und Antoinette Krasnik zu nennen. Auf der Tradition des Wiener Porzellans baut die erst 1923 gegründete und heute noch bestehende Wiener Porzellanmanufaktur Augarten auf. / Ulrike Götz

Blick in die Studiensammlung Keramik

Teile eines Services
Wiener Porzellanmanufaktur,
um 1805
Porzellan, blauer Fond,
Porträts in Grisaille-Malerei
Inv. Nr. KHM 269/1940

**Kavalier und Dame, Figuren
aus der Comedia dell'Arte,**
Wiener Porzellanmanufaktur,
drittes Viertel 18. Jahrhundert
Porzellan, glasiert, bunt
staffiert
Inv. Nr. Ke 6353/1916,
6352/1916, 4305/1900,
6967/1930, 6855/1928

STUDIENSAMMLUNG METALL

Kuratorin: Elisabeth Schmuttermeier

Goldschmiedearbeiten vom 16. bis 19. Jahrhundert bilden den Schwerpunkt der Studiensammlung Metall. Profane Gebrauchsgeräte aus Silber, die häufig auch vergoldet wurden, konnten gemäß ihrer Funktion als Schenk- oder Trinkgefäße, Schüsseln, Platten und Tafelaufsätze verwendet werden. Vielfach dienten große und aufwändig gearbeitete Goldschmiedearbeiten jedoch der Repräsentation auf Schaubuffets und somit auch als Kapitalreserve.

Die Entstehung der Gegenstände ist engstens mit der Entwicklung der Ess- und Trinkgewohnheiten und dem Repräsentationsbedürfnis der wohlhabenden Bevölkerung verknüpft. Eine Änderung der Tafelkultur brachte auch eine Veränderung der Geschirre mit sich. Einige dieser Entwicklungssprünge können jedoch nur mehr anhand von bildlichen Darstellungen belegt werden, da sich laut Expertenmeinung bis heute nur ungefähr zwei bis vier Prozent vom Gesamtbestand früherer Goldschmiedearbeiten erhalten haben. Zum einen waren es die vielen kriegerischen Auseinandersetzungen, die im Laufe der Jahrhunderte die Geldreserven der Herrscher, Fürsten und Städte aufgebraucht und damit zu einem radikalen Schwund der Edelmetallgeräte, die auch als Wertanlage gesammelt wurden, geführt haben. Zum anderen waren es der Geschmackswandel und die Änderung der Ess- und Trinksitten, die viele Gegenstände nicht mehr zweckmäßig erscheinen ließen. Die Edelmetallgefäße wurden eingeschmolzen, das Geld zu anderen Zwecken verwendet. Die Goldschmiede erhielten im Mittelalter ihre bedeutendsten Aufträge von der Kirche. Ihre Kunst war den anderen Kunstgattungen – Architektur, Malerei und Plastik – gleichgestellt. An der Wende von Romanik zu Gotik verlassen die Goldschmiede die Kloster- und Hofwerkstätten und ziehen in die Städte. Sie gewinnen nun zusätzlich das Bürgertum und dessen Organisationen wie Bruderschaften, Gilden und Zünfte als Auftraggeber. Zunftpokale oder -kannen, Willkommpokale für Handwerker, aber auch Geschenke für wichtige Gäste oder Gesandtschaften zählen nun zu den Aufgaben des Goldschmieds. Besteckteile, Becher, Humpen und Krüge in handlichen Maßen waren für den tatsächlichen Gebrauch bestimmt. Im 17. Jahrhundert wurden neue Getränke wie Tee, Kaffee und Schokolade populär. Ihr Konsum bedingte neue Gefäßtypen, deren Vorbilder in den Ursprungsländern der Getränke zu finden sind. Leuchter zählen zu den wichtigsten Gebrauchsgeräten, waren sie doch jahrhundertelang in Kombination mit der Kerze die bedeutendsten Lichtquellen. Zwischen sakralem und profanem Leuchtertyp bestand kein Unterschied. Die meisten Kirchenleuchter haben weltlichen Zwecken gedient, bevor sie in kirchlichen

Blick in die Studiensammlung Metall

Besitz übergingen. Einzig die Größe lässt Rückschlüsse auf die Funktion zu, ob sie zum Beleuchten von Räumen oder Speisetafeln verwendet wurden, Nachtleuchter waren oder Altarräume erhellten. Wie für die übrigen Goldschmiede- und Metallarbeiten waren auch für die Leuchter modische Kriterien ausschlaggebend. Wie in anderen Museen sind auch die Sammlungen des MAK gewissen Zufälligkeiten unterworfen. Eine kunst- und kulturhistorische Vollständigkeit kann, realistisch gesehen, nie erreicht werden. Aus diesem Grund wurden zusätzlich galvanoplastische Nachbildungen von nicht im MAK befindlichen Originalen zwischen die echten Gefäße gestellt, um eine Typologie der Gebrauchsgeräte zu ermöglichen. Gegenstände aus anderen Materialien und Kulturkreisen, die den europäischen Formen als Vorbilder gedient haben oder von diesen beeinflusst wurden, sollen die kulturhistorische Entwicklung noch verdeutlichen. / Elisabeth Schmuttermeier

Gießgefäße
12.–20. Jahrhundert

Deckelpokale und Schüsseln
16.–19. Jahrhundert

STUDIENSAMMLUNG SITZMÖBEL

Kurator: Christian Witt-Dörring

Ein Teil unseres materiellen Gedächtnisses befindet sich in diesem Raum. Ist es nur eine Ansammlung beliebigen Hausrats oder aber manifestiert sich hier Geschichte als die Gesamtheit unseres Bewusstseins? Wieweit stehen wir mit diesen Dingen noch in einer direkten Verbindung? Oder hat sich hier ein Archiv gewesener Dinge angehäuft, deren kleinster gemeinsamer Nenner die Qualitätsmerkmale „museal" beziehungsweise „second hand" sind? Wir haben die Wahl zwischen diesen beiden Assoziationsmöglichkeiten, zwischen dem Objekt- oder Funktionscharakter eines Gegenstandes. Nur letzterer aber lässt das museale Gut wieder zu einem Bestandteil unseres Konsumentenalltags werden. Statt eindimensionaler Stilgeschichte erleben wir einen dreidimensionalen Stammbaum unserer eigenen Kulturgeschichte. Selbstverständliches bekommt somit die Möglichkeit, wieder verständlich zu werden. Versucht wird dies anhand visuell sinnlicher und nicht didaktischer Vermittlung. Der sichtbaren Gegenüberstellung unterschiedlicher oder gleicher Typen, Funktionen, Entwicklungsstufen und Materialien gelingt es, die vielschichtigen Erlebniswelten eines Sitzmöbels zu evozieren und so den Besucher unmittelbar anzusprechen und ihn Wertigkeiten empfinden zu lassen. Daraus ergeben sich Fragen, werden Entscheidungsprozesse eingeleitet und grundsätzliche Kriterien bewusst gemacht. Diese Stimulierung vermag dazu beizutragen, aus einem undifferenzierten einen mündigen Konsumenten zu machen, indem sie in ihm von der alltäglichen Produktmenge verschüttete Überlegungen wachruft. Das Sitzmöbel ist das dem Menschen nächste Möbelstück. Seine Proportionen stehen in engstem Verhältnis zum menschlichen Körper. An der wechselnden formalen Ausbildung und Typenfindung des Sitzmöbels lässt sich der Wandel der menschlichen Körpersprache ablesen. Diese scheint zwischen den beiden Gegensätzen von Repräsentation und Bequemlichkeit ihre Ausdrucksmittel zu suchen, die je nach den definierten Wertmaßstäben und gesetzten Prioriäten entstehen. Ein hoch- und geradlehniger Armlehnsessel verlangt nach einer anderen Kleidung und Körperhaltung als einer mit niedriger, nach hinten schräg geneigter und rund abgeschlossener Rückenlehne. Grundsätzlich ergibt sich die Frage, ob das Möbel den menschlichen Körper beim Sitzen formt, oder ob das Gegenteil angestrebt wird. Als extremes Beispiel für letzteres kann der hier gezeigte „Sacco", ein typisches Sitzmöbelmodell der 68er Generation, angesehen werden. Das erst im 18. Jahrhundert entstehende Konzept der Sitzgarnitur, die mehrere gleichartige Sitzmöbeltypen zu einer dekorativen Einheit zusammenfasst, ist Ausdruck dafür, dass keine Notwendigkeit mehr besteht, zwischen dem Stand der

Fauteuil Feltri, Italien, 1987
Entwurf: Gaetano Pesce, Ausführung:
Cassina S.p.A., Italien; Filzmatte, z. T. mit
wärmegehärtetem Kunstharz imprägniert,
Hanfbänder, grüne Matte aus gestepptem
Stoff mit Polyesterwatte gefüllt
Inv. Nr. H 3099/1990

Fauteuil, Wien, 1913
Entwurf: Josef Zotti, 1913,
Ausführung: Prag-Rudniker, Wien;
Rotangrohr, Peddigrohrgeflecht,
(ehemals natur/schwarz gestreift)
Inv. Nr. H 2623/1981
Donation Gino Wimmer

einzelnen Benutzer einen Unterschied zu machen; es kann sich erst
durchsetzen, als das Hofrecht eine weniger strikte Rangordnung zwischen den einzelnen Sitzmöbeltypen vorschreibt. In unserem Unter-
bewusstsein lebt diese historische Entwicklung jedoch bis heute weiter.
Noch 1922 schreibt das „Handbuch des guten Tones und der feinen
Sitte" vor: „Als Dame gebührt dir der Platz auf dem Sofa, rechts von der
Frau des Hauses. Als junges Mädchen bedienst du dich eines Sessels."
Das Sitzmöbel lässt Formen- und Körpersprache zu einer lesbaren kulturhistorischen Einheit werden ... / Christian Witt-Dörring

DIE FRANKFURTER KÜCHE

Margarete Schütte Lihotzky

Wie kam es zur Frankfurter Küche?
Die Stadt Frankfurt hatte in der zweiten Hälfte der Zwanzigerjahre ein umfassendes Wohnbauprogramm. Meine Aufgabe war es, mich vorerst grundsätzlich mit der Planung und Bauausführung der Wohnungen im Hinblick auf die Rationalisierung der Hauswirtschaft auseinanderzusetzen. Wo wohnt, wo kocht, wo ißt, wo schläft man? Das sind im wesentlichen die vier Funktionen, denen jede Wohnung zu dienen hat. Das Herzstück, das den Grundriß von vornherein bestimmend beeinflußt, ist dabei Essen und Kochen. Mein erster Vorschlag, Wohnräume und Eßküchen zu bauen, wurde wegen Geldmangels abgelehnt (…).
So entschieden wir uns für kleine, komplett eingerichtete Arbeitsküchen, die, durch eine breite Schiebetüre mit dem Wohnraum verbunden, in dem auch gegessen wurde, eine Einheit bildeten. Wir betrachteten die Küche als eine Art Laboratorium, das jedoch, da man sich einen wesentlichen Teil des Tages darin aufhält, auch einen eigenen Wohnwert haben sollte. Die für die verschiedenen Küchenarbeiten benötigte Zeit wurde, wie beim Taylorsystem, nach betriebswirtschaftlichen Gesichtspunkten mit der Stoppuhr abgemessen, um dadurch die größte Schritt- und Griffersparnis zu erzielen.
Die sich daraus ergebenden geringen Ausmaße des Raumes erlaubten es nicht, die damals im Handel üblichen Küchenmöbel zu verwenden. Wir hätten, um das zu ermöglichen, viel größere Küchen bauen müssen. Durch die ersparten Kubikmeter Bauumfang ergab sich jedoch eine nicht unerhebliche Kostenreduzierung. Damit bot die Frankfurter Küche zwei Vorteile: Arbeitsersparnis für die Bewohner und zugleich geringere Baukosten. Nur so konnte man den Einbau der Küchen mit all ihren raffinierten arbeitssparenden Einrichtungen in der Frankfurter Stadtverordnetenversammlung (Gemeinderat) durchsetzen. Das Ergebnis war, daß von 1926 bis 1930 keine Gemeindewohnung ohne Frankfurter Küche gebaut werden durfte.
In diesem Zeitraum entstanden rund 10000 Wohnungen mit „Frankfurter Küchen". Die Kosten der gesamten Einrichtung wurden den Baukosten zugeschlagen und auf die Miete umgelegt. Das war für die Mieter tragbar, um so mehr, da die Anschaffung von Küchenmöbeln nicht erforderlich war. Durch diese Art der Finanzierung war es möglich, die „Frankfurter Küche" massenweise zu erzeugen und damit tausenden Frauen sehr viel Zeit zu ersparen, die ihren Familien und ihrer eigenen Gesundheit zugute kam. / Aus: Margarete Schütte-Lihotzky, Erinnerungen (unveröffentlichtes Manuskript, Wien 1980–90)

Die Frankfurter Küche des MAK entstand in enger Zusammenarbeit zwischen Margarete Schütte-Lihotzky und dem Architekten Gerhard Lindner in den Jahren 1989/90. Aus der Erinnerung Schütte-Lihotzkys, aus ihrem Wissen um das Essentielle und ihren programmatischen Überzeugungen wiedererstanden, steht dieser Nachbau zwischen Kopie und Original. Nicht die ursprüngliche Konstruktionsweise, Materialauswahl (z. B. heute Sperrholz statt massivem Weichholz für die Ladenkonstruktion) oder Farbgebung waren wichtig, sondern es galt, die Idee der Küche von 1926 mit ihren technisch raffinierten Lösungen, ihren ausgewogenen Proportionen und der in Erinnerung gerufenen Farbabstimmung neu zu bauen.

Blick in die Ausstellung „Zum Beispiel Küche"
2000/01

MÖBEL IM BLICKPUNKT

Kurator: Christian Witt-Dörring

Seit Beginn des Jahres 2000 erarbeitet die Möbelsammlung im Rahmen des Ausstellungszyklus „Möbel im Blickpunkt" jährlich jeweils zwei Präsentationen zu aktuellen Themen ihres Sammlungsbereiches. Es werden Neuerwerbungen oder wichtige im Kunsthandel oder Privatbesitz befindliche Objekte sowie die neuesten Produkte und Entwicklungen der Möbelindustrie im Kontext der eigenen Sammlung vorgestellt. Dadurch wird es möglich, flexibel auf jeweils aktuelle Möbel-Themen zu reagieren und sie öffentlich zur Diskussion zu stellen. Bisherige Ausstellungen waren unterschiedlichen Themen wie der Holzmarketerie, dem Küchenmöbel, Möbeln aus dem Exil und Möbel-Räumen von Hubert Matthias Sanktjohanser gewidmet. / Christian Witt-Dörring

Blick in die Ausstellung „Möbel – Räume: Hubert Matthias Sanktjohanser"
2001/02

STUDIENSAMMLUNG TEXTIL

Kuratorin: Angela Völker

Das MAK verfügt über eine ungewöhnlich reiche und vielfältige Textil-sammlung, deren Objekte von der Spätantike bis in die Gegenwart und von europäischen über orientalische zu ostasiatischen Textilien reichen. In der Studiensammlung wird deshalb jährlich wechselnd ein Aus-schnitt aus der Sammlung präsentiert, der als exemplarisch für die Kunstgeschichte der Textilien, ihrer Verarbeitungs- und Schmuck-techniken sowie ihrer kulturhistorischen Kontexte stehen kann.

Ein Schwerpunkt der Textilsammlung liegt in einer früh erworbenen Gruppe koptischer, d. h. spätantiker Textilien, die in ägyptischen Gräber-feldern geborgen wurden. Hochkarätige mittelalterliche Textilien sind im MAK vor allem durch kostbare Stickereien vertreten. Gemeinsam ist ihnen die Entstehung in professionellen Ateliers nördlich der Alpen. Ihr figuraler und ornamentaler Formenschatz orientiert sich an gleichzeiti-ger Miniatur- und Monumentalmalerei. Von hervorragender Qualität sind schließlich auch die spätmittelalterlichen Wandteppiche oder Rück-laken mit Darstellungen so genannter „Wilder Leute".

Die Renaissance dokumentieren italienische Seiden des 15. Jahrhun-derts, deren Muster auf das Ursprungsland der Seidenweberei, China, zurückgehen. Die Hochrenaissance vertreten kostbare Samte mit dem charakteristischen Granatapfelmuster, ebenfalls aus italienischen Manu-fakturen. In diesem Zusammenhang ist auch die umfangreiche und überaus qualitätsvolle Spitzensammlung des MAK zu nennen, deren Objekte aus Italien, Frankreich und den Niederlanden vom 16. bis in das 20. Jahrhundert reichen.

Die im 16. und häufiger noch im 17. Jahrhundert bevorzugten klein-teiligen Muster sind in der Stoffmustersammlung, in liturgischen Gewändern und in Kinderkleidern zu bewundern. Das MAK besitzt aber auch kostbare Textilien aus dem osmanischen Reich und aus Persien, die man in dieser Zeit mit ihren großen Rapporten meist für festliche Zwecke benutzte. Spezifisch repräsentativen Charakter haben auch die „klassischen" orientalischen Knüpfteppiche, die aus dem ehemaligen österreichischen Kaiserhaus stammen und den Charakter der welt-berühmten Wiener Teppichsammlung wesentlich bestimmen.

Der Erfindungsreichtum textiler Muster des 18. Jahrhunderts lässt sich in der Textilsammlung anhand kirchlicher Textilien sowie mit Kos-tümen und Accessoires besonders vielfältig vorführen. Die Entwicklung beginnt mit den so genannten „bizarren" Mustern, die ihrem Namen alle Ehre machen. Zentrum der Seidenweberei war Lyon, wo auch die fol-genden Stile kreiert werden: das Spitzenmuster und ab den dreißiger Jahren der so genannte „Style Revel", benannt nach einem der wenigen namentlich bekannten Textildesigner: farbenfrohe und kontrastreiche Muster mit Pflanzen und ohne Rücksicht auf realistische Proportionen durch Architekturelemente bereichert. Die zweite Hälfte des Jahrhunderts charakterisiert zunehmende Vereinfachung. Die Muster werden kleinteiliger, farblich schlichter, Streifen und Streublumenmuster beherrschen das Ende des 18. Jahrhunderts.

Stoffmustersammlungen aus der 1. Hälfte des 19. Jahrhunderts, seinerzeit vom Fabriksproduktenkabinett im Polytechnischen Institut und von Textilfabrikanten selbst zusammengestellt, bilden einen weiteren Höhepunkt der Textilsammlung. Die Biedermeierstoffe sind exakt datiert und mit den Namen der Produzenten sowie Angaben zu ihrer Verwendung versehen. Man findet eine schier unendliche Vielfalt der Muster, die nicht zuletzt auf neuen, industriellen Fertigungsmethoden beruht.

In der zweiten Hälfte des 19. Jahrhunderts versuchte man, allerdings in charakteristisch unterschiedlicher Farbigkeit, barocke und vor allem rokokohafte Muster für den Dekorstoff zu paraphrasieren, während das Mittelalter als ideales Vorbild für liturgische Textilien galt. Die neuen Fabrikate geben sich durch überexakte Musterzeichnung als Stilkopien zu erkennen. Schenkungen der Fabrikanten an das MAK, Musterbücher und Ankäufe aus der Frühzeit des Museums dokumentieren diese Tendenzen.

Das frühe 20. Jahrhundert gibt auch den Textilien ein neues Gesicht. Im MAK sind es Stoffe nach Entwürfen von Künstlern wie Koloman Moser und Josef Hoffmann, die neue Maßstäbe setzen. Diese Künstler gründen 1903 die Wiener Werkstätte, die ab 1910 bis etwa 1930 innovativ und erfolgreich Stoffe produziert, meist bedruckte Ware für Mode wie für Interieurs. Das MAK besitzt mit dem Archiv der WW eine nahezu vollständige Dokumentation dieser Fabrikation, sowohl lange Bahnen als auch etwa 20.000 Stoffmuster.

Die Textilsammlung des MAK setzte und setzt sich weiterhin mit zeitgenössischen Textilien auseinander, seien es Modestoffe der Firma Rhomberg aus Dornbirn, zeitgenössische Tapisserien, internationales Modedesign oder Mode aus Österreich sowie Werke von Künstlern der Gegenwart, die in die Sammelkomplexe der Textilabteilung hineinreichen. / **Angela Völker**

Hüte
Wien, 1960/70er Jahre
Entwurf und Ausführung: Adele List

Blick in die Eröffnungsaustellung der Studiensammlung Textil
1993 (Kaseln, 13.–19. Jahrhundert)

Kleid „Delphos"
Venedig, um 1925
Entwurf: Mariano Fortuny; rosa Seide, Glasknöpfe
Inv. Nr. T 11674/1992

DIE ANDEREN WISSENSCHAFTLICHEN EINRICHTUNGEN

BIBLIOTHEK UND KUNSTBLÄTTERSAMMLUNG

Der Gründungsgedanke des Museums – die von Gottfried Semper geforderte Synthese von Wissenschaft, Industrie und Kunst – findet in der MAK-Bibliothek und Kunstblättersammlung im Jahre 1864 ihre materielle Umsetzung. In diesem Sinne verfolgt der Museumsgründer und erste Direktor Rudolf von Eitelberger (1817–85) konsequent die Idee, handwerkliche wie ästhetische Qualität österreichischer Erzeugnisse der Kunstindustrie zu verbessern, indem er Fachbücher, Literatur zu Kunst und Kunstgewerbe gleichwertig mit grafischen Entwürfen, Ornamentstichen und Musterblättern in den Sammlungsbestand aufnimmt. Diese Zusammenführung in einer Sammlung zeigt in einzigartiger Weise das Wechselspiel von wissenschaftlicher Erkenntnis, künstlerischem Entwurf und handwerklicher Umsetzung im Bereich der angewandten Kunst auf. Durch die im 19. Jahrhundert festgelegte und bis heute erhaltene Systematik, den Buchbestand entsprechend dem Sammlungsaufbau des Museums zu klassifizieren, stellt die MAK-Bibliothek und Kunstblättersammlung selbst ein Museum von größtem kulturgeschichtlichem Wert im Gesamtverband des Museums dar und macht sie zu einer einzigartigen Fachbibliothek in Europa.

Heute umfasst die Sammlung über 200.000 Bände, wobei neben der umfangreichen Fachliteratur besonders die wertvollen historischen Bestände an Frühdrucken, Handschriften und rare, illustrierte Erstausgaben (Ausstattungsbücher) hervorzuheben sind. Schwerpunkte liegen im Ausbau der Bereiche angewandte Kunst, Design, Architektur und Gegenwartskunst und beim Aufbau einer Sammlung von zeitgenössischen Künstlerbüchern und Neuen Medien. Der umfassende Buch- und Zeitschriftenbestand wird durch die rund 500.000 Blätter der Kunstblättersammlung ergänzt, darunter eine der international bedeutendsten Sammlungen von Ornamentstichen, eine Plakat- und eine Fotosammlung, Handzeichnungen, Vorlageblätter und Stilkopien, Aquarelle und Pläne von Künstlern und Architekten, die Gesamtausgabe der Werke der Piranesi, das Archiv der Josef Danhauser'schen Möbelfabrik, die Nachlässe der Wiener Porzellanmanufaktur und die Zeichnungen der Wiener Werkstätte sowie die herausragenden Illustrationen des indopersischen Heldenromans „Hamza" aus der Zeit Akbars des Großen. /

Kathrin Pokorny-Nagel

Lesesaal der MAK-Bibliothek
Gestaltung: Ursula Aichwalder, Hermann Strobl

RESTAURIERUNG

Das MAK verfügt für die Erhaltung und Pflege seines umfangreichen Sammlungsbestandes über eine eigene Abteilung für Restaurierung. Die Abteilung besteht aus sieben Restaurierwerkstätten, die einen Großteil der Material- und Sammlungsgebiete europäischer und orientalischer Kunst abdecken. Sie haben sich im Laufe der Zeit mit zunehmendem Verständnis und der Dringlichkeit für die Erhaltung des Sammlungsbestandes etabliert. Neben den konservatorischen und restauratorischen Aufgaben werden die zahlreichen Sonderausstellungen betreut und auch ein wesentlicher unterstützender Beitrag für die wissenschaftliche Aufarbeitung des Sammlungsbestandes in Form von Technik- und Materialanalysen geliefert.

Die Abteilung gliedert sich in folgende Werkstätten: Glas, Keramik und Stein; Holz und Möbel; Objekte und Skulpturen; Papier und Grafik; Textil; Tapezierung und Polsterung; Uhren und Spielwerke.

Seit der Umwandlung des Museums in eine wissenschaftliche Anstalt öffentlichen Rechts besteht auch die Möglichkeit, im Rahmen von freien Kapazitäten Fremdaufträge zu übernehmen. / Manfred Trummer

DIE AUSSTELLUNGEN

DIE WICHTIGSTEN AUSSTELLUNGEN DES MAK (AUSWAHL)

1871 – 1984

1871	Dürer-Jubiläum
1878	Beteiligung an der Weltausstellung in Paris
1894	Papyrussammlung Erzherzog Rainers
1896	Wiener Kongress-Ausstellung
1901	Werke Hokusais
1904	Alt-Wiener Porzellan
1905	Ältere japanische Kunstwerke
	Ausstellung österreichischer Hausindustrie und Volkskunst
1911	Keramikklasse Michael Powolny
1916	Mode-Ausstellung
1920	Ausstellung orientalischer Teppiche aus kaiserlichem Besitz
	Kunstschau
1923	Dagobert-Peche-Gedächtnis-Ausstellung
1926	Ausstellung neuer amerikanischer Baukunst
1930	Werkbundausstellung
1931	Die neuzeitliche Wohnung
	Der österreichische Werkbund
1937	Altes chinesisches Lackgerät
	Ostasiatische Gemälde aus der Sammlung Van der Heydt
1946	Österreichische Kunst vom Mittelalter bis zur Gegenwart
1947	Meister der modernen französischen Malerei
1949	Französische Wandteppiche
1955	Giacomo Manzú
1957	Gläser von Venini, modernes venezianisches Glas
1959	Zenga. Tuschmalerei aus Japan
1962	E. J. Wimmer-Wisgrill und die Wiener Werkstätte
1966	Selection 66
1964	100 Jahre Österreichisches Museum für angewandte Kunst
1967	Die Wiener Werkstätte. Modernes Kunsthandwerk von 1903 bis 1932
1974	Archäologische Funde der Volksrepublik China
	Indopersische Miniaturen des Hamza-Romans
1976	symon + symon. Schmuck und Objekte
1980	Neues Wohnen. Wiener Innenraumgestaltung 1918–1938
1981	Kleider machen Leute (Kinderausstellung)
1982	Künstlerpostkarten der Wiener Werkstätte
1984	Achille Castiglioni – Ausdrucksformen/Design

Seit 1986

Personale

1987	**Alfons Schilling:** Sehmaschinen
1988	**Jean-Charles de Castelbajac:** Anti-Körper. Mode 1970–1988
	Kurt Kocherscheidt: Sommerarbeit 1988
	Peter Weibel: Inszenierte Kunstgeschichte
1990	**Walter Pichler:** Skulptur
1991	**Donald Judd:** Architektur
	Alexander M. Rodtschenko/Warwara F. Stepanowa: Die Zukunft ist unser einziges Ziel
1992	**Magdalena Jetelová:** Domestizierung einer Pyramide (Installation in der MAK-Säulenhalle)
1993	**Vito Acconci:** The City Inside Us (Eröffnungsausstellung)
	Andy Warhol: The Abstract Warhol
1994	**Hans Kupelwieser:** Trans-Formation
	Donald Judd: Das druckgrafische Werk
	Ilya Kabakov: Der Rote Waggon (Installation auf dem MAK-Terrassenplateau)
1995	**Sergej Bugaev Afrika:** Krimania
1996	**Chris Burden:** Beyond the Limits
1997	**Bruno Gironcoli:** Die Ungeborenen
	Hiro Yamagata: Earthly Paradise
1998	**James Turrell:** the other horizon
	Otto Muehl 7
	Granular Synthesis: NoiseGate-M6
1999	**Oswald Oberhuber:** Geschriebene Bilder. Bis heute
	Jannis Kounellis: Il sarcofago degli sposi
	Bruno Gironcoli: Lady Madonna. Nachtrag zu einer vergangenen Ausstellung
2000	**Joseph Beuys.** Editionen. Sammlung Schlegel
	Bruce Mau/André Lepecki: Stress
2001	**Dennis Hopper:** A System of Moments
	Franz West: Gnadenlos
2002	**Richard Artschwager:** The Hydraulic Door Check

Architektur und Design

1986	Architekt **Rudolph M. Schindler** (1887–1953)
	Matteo Thun: The Heavy Dress – Die Oberflächlichkeit als Manifest
	Wiener Bauplätze – Verschollene Träume

Das Möbel als Architekturmanifest (Sammlung Vegesack)

1987 **Josef Hoffmann**: Ornament zwischen Hoffnung und Verbrechen
Bernard Rudofsky: Sparta/Sybaris. Keine neue Bauweise – eine neue Lebensweise tut not

1988 **Günther Domenig**: Das Steinhaus

1989 Design Wien
Carlo Scarpa: The Other City/Die andere Stadt

1993 **Margarete Schütte-Lihotzky**. Soziale Architektur – Zeitzeugin eines Jahrhunderts

1994 Tyrannei des Schönen: Architektur der Stalin-Zeit
Mark Mack: Easy Living. Leicht-sinnige Architektur aus Kalifornien

1995 **Roland Rainer**: Vitale Urbanität

1996 **Philip Johnson**: Turning Point

1999 **Shiro Kuramata** 1934 – 1991: Design, Design

2000 Harmonie im Kontext. **Josef Binder**: Wiener Grafik
Luis Barragán: The Quiet Revolution
The Un-Private House

2001 Wiener Grafik in New York: **Josef Binders** grafisches Werk in den USA (1933–1972)
Die Welt von **Charles und Ray Eames**
R. M. Schindler: Architektur und Experiment

2002 **Ernst Deutsch-Dryden**: En Vogue!
Stefan Sagmeister: Handarbeit

MAK-Galerie

1992 **Kiki Smith**. Silent Work (Eröffnungsausstellung der MAK-Galerie)
Edelbert Köb: Geburt der Venus

1993 **Lauretta Vinciarelli**: Red Rooms
Pierre Weiss: Dayness
Station Rose: Virtual Realities at the MAK

1994 **Heinz Lechner**: Portraits
Rosemarie Trockel: Anima

1995 **Jochen Traar**: Art Protects You
Otto Mittmannsgruber, Martin Strauss: Monolog des Vertrauens
Uli Aigner: Metanoia
Zelko Wiener: Der große KnochenSchwund

1996 **Barbara Doser**: frame 041994.01.0-4 projekt alpha
Herwig Turk: Parallelaktion
Anna Steininger: in-variable-steps
Christoph Nebel: Vorübergehend öffentlich-rechtlicher Erholungsraum mit Sauerstoff und Ausblick auf den 05.01.1996

Film/3. **Richard Hoeck**: Transatlantik Echos
Wrecking Film: Der Pulfrich Effekt
Valeska Grisebach: Sprechen und nicht sprechen
Christine Meierhofer: White Cube
Konrad Becker: e-scape museum
Granular Synthesis: mädchen, apparate, kunst
Kiki Kogelnik: Hangings

1997   **Heinrich Dunst**: Lost
Gerald Zugmann: architecture in the box. Photographien
Hans Weigand: SAT

1998   **Marina Faust**: Six days <In six pieces>
Béatrice Stähli: Wiener Blut
Liz Larner: I thought I saw a pussycat
The Havana Project – Architecture Again
Georg Salner: SU.SY

1999   **Maria Theresia Litschauer**: NY Trespassing
Ulrike Grossarth: rot/grün, grau
Lucie Rie: Gebrannte Erde
Josef Trattner: Block Out

2000   **Richard Prince**: 4 x 4
Rudi Stanzel: reformel
Kendell Geers: Timbuktu
Robert *F.* Hammerstiel: Über allen Wipfeln ist Ruh'
Iké Udé: Beyond Decorum

2001   **Raymond Pettibon**: The Books – Aus dem Archiv der Hefte
Jun Yang: reconstruction – coming home. daily structures of life
Plamen Dejanov / Swetlana Heger: Test the World
Liam Gillick: Dedalic Convention
Rain – Hallway: Zwischenräume: Kunst und Architektur

2002   **Maria Hahnenkamp**: Transparency
Laura Kikauka: M.A.N.I.A.C at MAK – Marvellous Abundant
Neglected Items Arranged Creatively
Ulrike Lienbacher: Aufräumen

Sammlungs- und Themenausstellungen

1986   Chinesische und ostturkistanische Teppiche
1987   Universum in Seide. Chinesische Roben der Qing-Dynastie
(1644–1911)
1988   Kunst und Revolution: Russische und sowjetische Kunst
1910–1932
1989   Aktionsmalerei – Aktionismus. Wien 1960–1965
Kunst und Industrie. Aspekte einer Sammlung

1990   Verborgene Impressionen. Japanismus in Wien 1870–1930
Kunstbaustelle MAK
Trotz Umbau (Ausstellungsreihe des MAK)
Die Frankfurter Küche
1993   Dekorstoffe des Biedermeier 1820–1840 (Geymüllerschlössel)
1995   Afrikanische Sitze
1996   mäßig und gefräßig
Austria im Rosennetz
1997   Japan Yesterday. Spuren und Objekte der Siebold-Reisen
Japan Today. Kunst, Fotografie, Design
Kilengi. Afrikanische Skulpturen aus der Bareiss-Sammlung
Shibori: Japanische Textilien aus Arimatsu und Narumi
1998   Die Überwindung der Utilität: **Dagobert Peche** und die Wiener
Werkstätte
out of actions: Aktionismus, Body Art & Performance 1949–1979
Linzer Teppiche: Maschinell Gefertigtes des Biedermeier
(Geymüllerschlössel)
Prima Vista: Neuerwerbungen der Textilabteilung
1999   Cine Art. Indische Plakatmaler im MAK
2000   Kunst und Industrie. Die Anfänge des Museums für angewandte
Kunst in Wien
Fuji. Der Berg den es nur einmal gibt
Gegensatz und Kontinuität
2001   Fremde. Kunst der Seidenstraße
2002   Davaj! Russian Art Now. Aus dem Laboratorium der freien
Künste in Russland.
S.O.S. – Zur Rettung der MAK-Sammlung
Symmetric and Asymmetric Knots. Orientalische Knüpfteppiche
aus der MAK-Sammlung

MAK Center for Art and Architecture, Los Angeles

1995   The Havana Project – Architecture Again
(Eröffnungsausstellung des MAK Center)
Manifestos, International Exhibition on Contemporary
Architecture
1996   The Garage Project: Installationen von **Peter Kogler, Heimo
Zobernig, Liz Larner, Paul McCarthy, Swetlana Heger & Plamen
Dejanov**
Final Projects: **Swetlana Heger & Plamen Dejanov, Andrea
Kocevar, Flora Neuwirth, Jochen Traar**
Final Projects: **Gilbert Bretterbauer, Marta Fuetterer, Christoph
Kasperkovitz, Andrea Lenardin**

2002   Lobby in Rear
Markings: Constructing form through drawing
Gerald Zugmann: Blue Universe. Architectural Manifestos
by Coop Himmelb(l)au
Final Projects: **Mauricio Rafael Duk Gonzáles, Richard Hoeck, Kobe Matthys, Jose Pérez de Lama**
Final Projects: **Luisa Lambri, Karina Nimmerfall, Lorenzo Rocha Cito, Bernhard Sommer**

MAK-Ausstellungen international

1991   **Rodtschenko/Stepanowa**, Puschkin Museum, Moskau
Max Peintner, Zentrales Künstlerhaus des Künstlerverbandes der UdSSR, Moskau
C.P.P.N. (Carl Pruscha/Peter Noever), Para la Habana, Convento de Santa Clara, Havanna
1992   Der barocke Hoffmann, Geburtshaus Josef Hoffmann, Brtnice, Tschechien
Josef Hoffmann. Ornament zwischen Hoffnung und Verbrechen, Hermitage, St. Petersburg; IBM-Gallery, New York
Neues Weltbild und Selbstverherrlichung, Museo de la Ciudad de La Habana, Havanna
1993   **Andy Warhol**. Abstracts, Kunsthalle, Basel
1994   Cast Iron from Central Europe, 1800–1850, The Bard Graduate Center for Studies in the Decorative Arts, New York
Japonisme in Vienna, Tobu Museum of Art, Tokio
1995   Manifestos. International Exhibition on Contemporary Architecture, Convento de Santa Clara, Havanna
Tyrannei des Schönen. Architektur der Stalin-Zeit, Villa Stuck, München
Messer. Löffel. Gabel, Museum für Kunsthandwerk, Frankfurt am Main
1996   Austria im Rosennetz, Kunsthaus Zürich
1997   The Havana Project, Kestner Gesellschaft, Hannover
Hans Weigand: SAT, Villa Arson, Nizza
1998   **Hans Weigand**: SAT, Städtisches Museum Abteiberg, Mönchengladbach
Granular Synthesis: NoiseGate-M6, Marstall, München; La Maison des Arts, Créteil, Frankreich; Le Manège Scène Nationale de Maubeuge, Frankreich; Hull Time Based Arts, Hull, Großbritannien; Muziekcentrum De Ijsbreker, Amsterdam
Austria im Rosennetz, Musée des Beaux-Arts, Brüssel
Wiener Werkstätte. Keuze uit Weense collecties, Museum Het

Paleis, Haags Gemeentemuseum, Den Haag

1999 **Ulrike Grossarth**: rot/grün, grau, Hamburger Bahnhof; Museum für Gegenwart, Berlin

Granular Synthesis: NoiseGate-M6, Kunstverein Hannover; Musée d'Art Contemporain de Montréal, Kanada

El Proyecto Habana – Arquitectura otra vez, CENCREM, Havanna

Architecture and Revolution – Escuelas Nacionales de Arte en La Habana, Columbia University, New York; Tulane University, New Orleans; Ohio State University, Columbus

Das alte Japan. Japan yesterday, Siebold-Museum, Würzburg; Museum Villa Rot, Burgrieden-Rot

Ernst Strouhal/Heimo Zobernig: Der Katalog, Haus der Kunst, Brünn; Kunsthaus, Bregenz; Westfälisches Landesmuseum für Kunst und Kulturgeschichte, Münster; Portikus, Frankfurt am Main

2000 **Granular Synthesis**: NoiseGate-M6, Musée d'Art Contemporain de Lyon; Brooklyn Anchorage, New York

heaven's gift: CAT – Contemporary Art Tower, Max Protetch Gallery, New York; Culver City, Gateway Warehouse, Los Angeles

2001 Cuba – Le scuole nazionali delle Arti a l'Havana, Istituto Universitario di Architettura di Venezia / IUAV, Venedig

heaven's gift: CAT – Contemporary Art Tower, Schusev State Museum of Architecture (MUAR), Moskau

Davaj! Russian Art Now. Aus dem Laboratorium der freien Künste in Russland, Postfuhramt Berlin*

The Vienna Secession 1898–1918. The Miyagi Museum of Art, Sendai; The Bunkamura Museum of Art, Tokio

2002 heaven's gift: CAT – Contemporary Art Tower, Vitra Design Museum, Berlin

Franz West: Merciless, MASS MoCA, North Adams, Massachusetts

Dagobert Peche and the Wiener Werkstätte, Neue Galerie, New York

* In Kooperation mit den Berliner Festspielen

Chris Burden: Beyond the Limits
1996

Franz West: Gnadenlos
2001/02

Franz West: Merciless
MASS MoCA – Massachusetts Museum of
Contemporary Art, North Adams
2002/03

Richard Artschwager: The Hydraulic Door Check
2002

Shiro Kuramata 1934 – 1991: Design, Design
1999

Jannis Kounellis: Il sarcofago degli sposi
1999

out of actions
1998

Bruno Gironcoli: Die Ungeborenen
1997

**Vito Acconci bei der Pressevorbesichtigung
seiner Ausstellung „The City Inside Us"**
1993

Vito Acconci: The City Inside Us
1993
Eröffnungsausstellung nach Generalsanierung und Umbau des MAK

James Turrell: the other horizon
1998/99

Walter Pichler: Skulptur
1990/91

Kendell Geers: Timbuktu
2000

Raymond Pettibon: The Books – Aus dem Archiv der Hefte
2001

Rudi Stanzel: reformel
2000

Eröffnung der Ausstellung „Bruce Mau/André Lepecki: Stress"
2000

Eröffnung der Ausstellung „Bruno Gironcoli: Die Ungeborenen"
1997

**Finissage der Ausstellung
„Josef Trattner: Block Out"**
1999

**Eröffnung der Ausstellung „Dennis
Hopper: A System of Moments"**
2001

**Otto Muehl, Ausstellungseröffnung von
„Otto Muehl 7"**
1998

Peter Noever, Victoria und Dennis Hopper
2001

Eröffnung der Ausstellung „heaven's gift"
2002

Cornelius Grupp, MARS-Vorstandsmitglied

David Sarkisyan, Direktor des Schusev State Museum of Architecture (MUAR), Moskau; Peter Noever und Michael Häupl, Bürgermeister der Stadt Wien

Peter Noever und Elisabeth Gehrer, Bundesministerin für Bildung, Wissenschaft und Kultur, im Center for Art and Architecture, Los Angeles
2001

Eröffnung der Ausstellung „Cine Art: Indische Plakatmaler im MAK"
1999

Richard Artschwager, Eröffnung der Ausstellung „Richard Artschwager: The Hydraulic Door Check"
2002

Keine Metapher, sondern eine wirkliche Präsenz. Mit Erinnerung aufgeladene Gegenwart. Was hier geschehen soll, blendet Vergangenheit nicht aus.
NDEVER·MÜLLER/EMBACHER

Martina Kandeler-Fritsch, Franz West, Eva Schlegel, Eröffnung der Ausstellung „heaven's gift"
2002

Franz West während der Aktion „Par Bleu" anlässlich der Ausstellungseröffnung von „Franz West: Gnadenlos"
2001

DIE AUSSENSTELLEN DES MAK

MAK-GEGENWARTSKUNSTDEPOT GEFECHTSTURM ARENBERGPARK

Auf einer Gesamtfläche von 1400 m^2 werden im MAK-Gegenwarts-kunstdepot im Gefechtsturm Arenbergpark seit 1995 wesentliche Teile der Gegenwartskunstsammlung des MAK präsentiert. Gezeigt werden eigens für das MAK entwickelte räumliche Interventionen von internationalen Künstlern wie Vito Acconci, Ilya Kabakov, Hans Kupelwieser, Eva Schlegel und Chris Burden sowie Objekte von Renée Green, Kiki Smith, Bruno Gironcoli, Liz Larner, Béatrice Stähli, Birgit Jürgenssen und Franz West. Weiters sind Künstlereditionen u. a. von Christian Boltanski, Gilbert und George, Jenny Holzer, Rebecca Horn, Juan Muñoz, Bruce Nauman, James Turrell sowie Beispiele experimenteller Architekturprojekte und Manifestationen u. a. von Raimund Abraham, Coop Himmelb(l)au, Günther Domenig, Philip Johnson, Thom Mayne, Eric Owen Moss, Roland Rainer und Lebbeus Woods zu sehen.

Bruno Gironcoli, Flachkette mit Flugzeugen an beiden Enden
1971–74
5-teilige Skulptur
Eisen, Buntmetall, Seife, Aluminiumguss, Glühbirnen
Inv. Nr. GK 164/1996

Chris Burden, Pizza City
1991–96
Miniatur Stadtlandschaft, 26-teilig
Inv. Nr. GK 124/1997

Ilya und Emilia Kabakov, Not everyone will be taken into the future
2001 (Aufstellung 2002)
Holzkonstruktion, Wagonfragment, Laufschrift, Gemälde
Inv. Nr. GK 231/2001
Dauerleihgabe Sammlung Geyer & Geyer GmbH, Wien

C.P.P.N., Havana Project: Puerto del Pueblo
1995/96
Architekturmodell; Stahl
Inv. Nr. GK 149/1996

Ilya Kabakov, No Water
1995
Stahl-Glaskonstruktion
Inv. Nr. GK 126/1995

Eva Schlegel, Ohne Titel
1997
2-teilige Schiebetür, Siebdruck auf Glas
Inv. Nr. GK 176/1997

Gefechtsturm Arenbergpark

CAT – CONTEMPORARY ART TOWER

Das CAT-Projekt wurde vor dem Hintergrund der provisorischen Adaptierung von 2 der 9 Stockwerke des Gefechtsturms im Arenbergpark als Gegenwartskunstdepot des MAK seit 1995 entwickelt.

Das Hauptziel besteht darin, diesen Ort mit seinen düsteren historischen Konnotationen in ein offenes, lebendiges Zentrum für Gegenwartskunst und Neue Medien umzugestalten, das den komplexen Anforderungen zeitgenössischer künstlerischer Produktion entspricht.

Mit seiner massiven Stahlbetonkonstruktion und den außergewöhnlichen Dimensionen des nutzbaren Raums bietet der Gefechtsturm im Arenbergpark ideale Voraussetzungen, um den Dialog zwischen Künstlern und Publikum zu fördern: So wird die direkte Konfrontation mit vor Ort entstanden Werken ermöglicht und dadurch ein größeres Verständnis für zeitgenössische Kunst erreicht. Sowohl die Produktion als auch die Präsentation der Kunstwerke wird öffentlich zugänglich; somit wird CAT zu einem Ort des unmittelbaren Dialogs zwischen dort tätigen Künstlern und Besuchern. Durch diese Art des Austauschs entwickelt sich ein Laboratorium, in welchem Positionen zeitgenössischer Kunst neu ausgelotet werden. So entsteht im Laufe von zehn bis fünfzehn Jahren eine Sammlung, die einzigartig für Wien sein wird, da ihr Hauptanliegen die Verwirklichung künstlerischer Positionen vor Ort ist und nicht den Ankauf bestehender Kunstwerke zum Ziel hat.

Der bisher funktionslose Ort soll geöffnet und in das städtische und soziale Leben Wiens integriert werden. Das Projekt, das unterschiedlichste Zugänge und Kunstformen umfasst, soll Studios, Workshops, eine „Kitchen" und verschiedene informelle Treffpunkte für neue und traditionelle Medien bieten, weiters ein Auditorium, Ausstellungsflächen, Restaurants, ein Café und eine Bar auf dem Dach des Gebäudes. Zusätzlich soll an der Westseite ein Medien- und Versorgungsturm er-

Peter Noever/Sepp Müller/Michael Embacher, CAT – Contemporary Art Tower
Modell 2000

richtet werden, dessen fragile und transparente Konstruktion bewusst der abweisenden und bedrohlichen Schwere des Hauptturms entgegengesetzt wird. Jenny Holzer und James Turrell haben speziell für den Gefechtsturm künstlerische Interventionen entwickelt, die zu einem bleibenden Teil der architektonischen Struktur werden.

Jenny Holzer positioniert an der Spitze des Medien- und Versorgungsturms einen „Suchscheinwerfer", der das Publikum durch Laser auf aktuelle Aktivitäten und Veranstaltungen im CAT aufmerksam macht. Vom oberen Teil der Konstruktion werden Texte und Bilder auf das Gebäude projiziert. Darüber hinaus sieht Jenny Holzer ein 90 m hohes elektronisches Schriftband vor. Dieses dient als Sender für Kunst, Informationen und Nachrichten und macht den Gefechtsturm gleichermaßen zu einem urbanen Zentrum für die „Vermittlung von Tatsachen und Ideen".

James Turrell baut auf einer der vier Plattformen des Flakturms einen Skyspace, in dem die Besucher den Raum zwischen Himmel und Erde als materialisiertes Farbfeld wahrnehmen und die sonst nicht fassbare Entfernung als überwunden empfinden können. Für die bestehenden Öffnungen in den Außenmauern des Gefechtsturms hat James Turrell eine aus blauem Licht bestehende Installation geplant – ein Vorhaben, das auf die Lichtverhältnisse des urbanen Raumes reagiert. / Peter Noever

Special Xenon Projection „Truisms" von Jenny Holzer anlässlich der
Ausstellungseröffnung von „heaven's gift" im Gefechtsturm Arenbergpark
2002

GEYMÜLLERSCHLÖSSEL

Das so genannte „Geymüllerschlössel" ist ein in Pötzleinsdorf, einem der Außenbezirke Wiens, nach 1808 errichtetes „Sommergebäude". Benannt nach seinem Erbauer und ersten Besitzer, dem Wiener Handelsherrn und Bankier Johann Jakob Geymüller (1760–1834), zeigt das Gebäude in seiner Architektursprache die damals vor allem für Lustgebäude übliche Mischung von gotischen, indischen und arabischen Stilelementen. Der Name des Architekten ist bis heute unbekannt. Nach wechselvoller Geschichte gelangte das Gebäude 1965 durch Schenkung des letzten Besitzers, Dr. Franz Sobek, an die Republik Österreich und wurde in der Folge als Außenstelle dem MAK angegliedert. Mit dem Gebäude schenkte Dr. Sobek auch seine bedeutende Sammlung von Altwiener Uhren (160 Stück), zwischen 1760 und der zweiten Hälfte des 19. Jahrhunderts entstanden, die heute, gemeinsam mit dem noch von Franz Sobek erworbenen Mobiliar aus den Jahren 1800–1840, das durch Empire- und Biedermeiermöbel aus der Möbelsammlung des MAK ergänzt wurde, eine der wichtigsten Sehenswürdigkeiten des Geymüllerschlössels darstellt.

Renovierungen der letzten Jahre versetzten die Fassade und Teile der Ausmalung der Innenräume wieder in den Originalzustand. Durch die im Anschluss vorgenommene Neuaufstellung von Einrichtung und Uhren in den Räumen des Schlössels gelang es, dem Besucher die Vorstellung eines Sommersitzes des Empire und Biedermeier zu vermitteln. Großes Augenmerk wurde dabei auch der textilen Ausstattung des Gebäudes und der Tapezierung der Möbel geschenkt, so dass das Geymüllerschlössel heute der einzige Ort in Österreich ist, an dem sich ein originalgetreuer Einblick in die Vielfalt biedermeierlicher textiler Ausstattungskunst bietet.

In den Ausstellungsräumen des Parterre finden jährlich wechselnde Themenausstellungen statt, die die Auseinandersetzung mit der Kunst und dem Kunstgewerbe der ersten Hälfte des 19. Jahrhunderts vertiefen sollen. Im Garten des Geymüllerschlössels hat 1997 der österreichische Künstler Hubert Schmalix seine Skulptur „Der Vater weist dem Kind den Weg" errichtet. In weiterer Folge soll hier auch James Turrells „the other horizon/Skyspace" aufgestellt werden. / Christian Witt-Dörring

Hubert Schmalix, Der Vater weist dem Kind den Weg
1996
Betonskulptur auf Sichtbetonsockel
Inv. Nr. GK 167/1997

Blick in den Salon im Geymüllerschlössel

Donald Judd, Stage Set
1996
Stadtpark, Wien 3

**Donald Judd, Stage Set
im Rahmen der Ausstellung
„Donald Judd: Architektur"**
1991
MAK-Ausstellungshalle

MAK IM ÖFFENTLICHEN RAUM

Proportion ist für uns sehr wichtig, sowohl in unserem Denken und Leben als auch visuell umgesetzt, denn in ihr sind Denken und Fühlen nicht voneinander getrennt, sie ist Einheit und Harmonie, einfach oder schwierig und oft Frieden und Ruhe. In der Kunst und in der Architektur ist Proportion spezifisch und identifizierbar, sie schafft unsere Zeit und unseren Raum. Proportion und eigentlich jede Intelligenz in der Kunst wird augenblicklich verstanden, zumindest von einigen. Es ist ein Mythos, dass schwierige Kunst schwierig sei.[1] /
Donald Judd

Donald Judds „Stage Set" ist Ausdruck einer kompromisslosen Vision zwischen Kunst und Architektur. Innerhalb eines 7,5 m x 10 m x 12,5 m dimensionierten Stahlgerüstes sind sechs verschiedenfarbige Stoffbahnen in unterschiedlicher Höhe angebracht. Sie rhythmisieren den offenen Raum und visualisieren die für Judds Arbeit charakteristischen seriellen Reihen und Abwicklungen. Donald Judd hat das „Stage Set" im Jahr 1991 anlässlich seiner Ausstellung „Architektur" für das MAK entwickelt. Seit 1996 befindet sich die Skulptur im Wiener Stadtpark.

[1] Aus: Donald Judd, „Kunst und Architektur, 1983", in: Donald Judd – Architektur, Westfälischer Kunstverein Münster, 1989, S. 143.

Franz West, Vier Lemurenköpfe (Detail)
2001
Stubenbrücke, Wien 1

Franz West, Vier Lemurenköpfe
2001
Stubenbrücke, Wien 1

Die ursprünglich für den von Hermann Czech entworfenen Steg im Stadtpark geplanten „Vier Lemurenköpfe" wurden anlässlich der Ausstellung „Franz West: Gnadenlos" im Jahr 2001 an der neben dem MAK befindlichen Stubenbrücke aufgestellt. Anfangs nur für die Dauer der Ausstellung vorgesehen, wurden die Skulpturen dem MAK als Dauerleihgabe zur Verfügung gestellt und können so an diesem Ausstellungsort verbleiben.

Czech fragte mich für seine Brücke über die Wien (den Wienfluss) im Stadtpark um vier Skulpturen für die Brückenköpfe. Diese sollten Menschen darstellen. Eine Ausführung des Projekts wurde solange hinausgezögert, dass die bereits gegossenen Lemurenköpfe aus Liquiditätsgründen – Güsse sind enorm teuer und schwer lagerbar – andere Eigentümer fanden. Der Name „Lemure" ist ein Pejorativ und wurde von Karl Kraus in „Die letzten Tage der Menschheit" als solches verwendet. U. a. heißt es dort: „Zwei Protagonisten betreten eine Bar: Rotlicht, Larven und Lemuren". Die jetzigen Köpfe sind aus Aluminiumblech geschweißt und haben durch ihr Material bedingt eine andere Form und Oberfläche und werden daher dem Begriff „Larve" zugeschlagen. In ihrer Nähe sollte deutlich Heraklits Fragment Nr. 1,6 – „Man kann nicht zweimal in denselben Fluss steigen und immer neue Seelen steigen aus dem Nass" – angebracht sein. Dieses Fragment gehört unbedingt zur Ganzheit dieser Installation. Wenn nicht materiell, so hiermit immateriell, um dem gern gesehenen Status eines heiteren Zierrats zu entgehen. / Franz West, 2002-06-27

Philip Johnson, Wiener Trio
1998
Franz-Josefs-Kai/Schottenring, Wien 1

**Philip Johnson, Wiener Trio
im Rahmen der Ausstellung
„Philip Johnson: Turning Point"**
1996
MAK-Ausstellungshalle

Im Dezember 1995 fixierte Peter Noever gemeinsam mit Philip Johnson
in New York den Inhalt und den Titel der Wiener Ausstellung „Turning
Point".

Der Titel sollte einerseits Philip Johnsons überraschender neuer archi-
tektonischer Ausdrucksform gerecht werden und andererseits die Präsentation von Architektur im Rahmen einer Ausstellung fernab konven-
tioneller Vorgangsweisen signalisieren.

So gab es für kurze Zeit die Vorstellung, dass das damals in Entwicklung befindliche 5-teilige Objekt für die Putnam Sulpture Collection
der Case Western Reserve University in zweifacher Ausführung gefertigt wird: einmal für Cleveland, Ohio und einmal für Wien.

In der Folge entschied man sich aber für einen eigenen Entwurf für das
MAK in Wien, der den Namen „Wiener Trio" trägt.

Seit 1998 befindet sich Philip Johnsons „Wiener Trio" am Franz-Josefs-
Kai/Schottenring. Jedes der Elemente des dreiteiligen Objektes hat
einen eigenständigen skulpturalen Charakter, in ihrer Konstellation
sind sie jedoch als Form von Architektur zu verstehen und reflektieren
die langjährige intensive Auseinandersetzung des amerikanischen Architekten mit Monumentalität. Die Aufstellung dieser außergewöhnlichen
Arbeit im öffentlichen Raum wurde durch die großzügige Unter-
stützung der Wiener Städtischen Versicherungs AG ermöglicht.

James Turrell, the other
horizon, Skyspace,
Außenansicht
1998
MAK-Garten

James Turrell, the other horizon,
Skyspace, Innenansicht
1998

„Prinzipiell handelt es sich bei den Skyspaces um Structural Cuts,
deren Öffnungen aber vollständig über der Horizontlinie liegen und
die durch die Decke und Dach, auch Satteldach, eingeschnitten wurden. Diese Arbeiten behandeln das Zusammentreffen von Innen- und
Außenraum, indem der Himmel in die Fläche der Deckenöffnung her-
untergeholt wird. Es entsteht ein Raum, der, obwohl ganz zum Himmel
geöffnet, ein Gefühl von Geschlossenheit vermittelt. Es handelt sich um
eine räumliche Begrenzung, die entlang der Schnittkanten als gläser-
ner Film wahrgenommen wird, der sich über die Öffnung zu spannen
scheint. Jenseits der transparenten Schicht, die sich je nach
Bedingungen von Tageslicht und Sonneneinfall verändert, erstreckt
sich eine unbestimmte Raumtiefe."[1] / James Turrell

Der Skyspace „the other horizon" wurde von James Turrell für die
gleichnamige Ausstellung im MAK 1998 realisert.

[1] Aus: James Turrell, „Skyspaces", in: James Turrell: the other horizon,
MAK Wien und Hatje Cantz Verlag, Ostfildern-Ruit, 1998, S. 96.

MAK CENTER FOR ART AND ARCHITECTURE, LOS ANGELES

Das MAK Center for Art and Architecture in Los Angeles hat sich mit seiner radikal zeitgenössischen Orientierung als einer der unverzichtbaren Orte der Produktion und Präsentation von Kunst und der internationalen Kommunikation in Kalifornien etabliert. Der programmatische Schwerpunkt liegt auf neuen räumlichen und architektonischen Tendenzen und Entwicklungen, deren Ausgangspunkt die Schnittstelle zwischen Kunst und Architektur, d. h. das Übergreifende und sich Widersprechende in den Konzepten und Arbeitsweisen von Künstlern und Architekten ist. Als Teil der MAK-Schindler-Initiative ist das MAK Center for Art and Architecture dem vielschichtigen Lebenswerks des 1914 in die USA emigrierten Wiener Architekten und Otto-Wagner-Schülers Rudolph M. Schindler verpflichtet.

Das MAK Center for Art and Architecture wurde 1995 an zwei Standorten in Los Angeles eröffnet. Als öffentlich zugängliches Zentrum der MAK-Schindler-Initiative dient das 1921/22 erbaute eigene Haus des Architekten – Schindler House – auf der Kings Road in West Hollywood. Als sozialer Utopist und experimenteller Architekt hat Rudolph M. Schindler hier einen modellhaften Entwurf in Hinblick auf Grundriss und räumliche Qualität entwickelt, der gleichzeitig richtungsweisend für eine neue Architekturauffassung war und ist. Das 1939 erbaute Pearl M. Mackey House wurde als Stipendiatenhaus und Artists-in-Residence für österreichische Künstler und Architekturstudenten durch die Republik Österreich angekauft und in Zusammenarbeit mit dem Bundesministerium für Unterricht und Kunst (BMUK) sowie für Wissenschaft und Forschung (BMWF) als erstes ständiges österreichisches Künstlerhaus in den USA begründet. Beide Häuser wurden umfassend renoviert sowie strukturell adaptiert und werden in Kooperation mit der in Los Angeles ansässigen Organisation FOSH (Friends of the Schindler House) unter Leitung des MAK als MAK Center for Art and Architecture betrieben.

Das Schindler House steht der Öffentlichkeit als Museum mit eigenem Bookshop und Archiv zur zeitgenössischen experimentellen Kunst und Architektur sowie als Forschungs-, Ausstellungs- und Veranstaltungszentrum zur Verfügung. Vorträge, Präsentationen, Seminare, Materialsammlungen, Workshops, Diskussionen sowie die Verbreitung von Information durch kleinere, gezielte Publikationen und andere Medien sind ein fester Bestandteil des Programms.

So will die MAK-Schindler-Initiative in zwei ineinanderfließenden Komponenten der Kunst- und Architekturförderung ausgewählter Künstler und Architekten aktiv sein: mittels des Stipendiatenprogramms (siehe Seite 230) sowie durch öffentliche, international relevante Aktivitäten und Impulse im Ausstellungs- und Veranstaltungsprogramm des Schindler House.

Rudolph M. Schindler House, Außenansicht

Pearl M. Mackey House, Außenansicht

VIENNA BY MAK

MAK-TIPPS

Das MAK ist als Ort der Kunst und Kultur durch seine Geschichte und Gegenwart aufs Engste mit dem Alltag Wiens und den Bedürfnissen, Wünschen und Träumen der sich hier aufhaltenden Menschen verbunden. Daraus folgende Anregungen, wie man sich ausgehend vom MAK der Stadt auf den unterschiedlichen Ebenen annähern kann:

KUNST UND MUSEEN

Was Sie sich ergänzend zur MAK-Sammlung ansehen sollten

Dom zu St. Stephan
Stephansplatz, 1010 Wien
(zu Fuß die Wollzeile hinauf, dann Rotenturmstraße bis Stephansplatz oder U3 Station Stubentor bis Station Stephansplatz)

Erzbischöfliches Dom- und Diözesanmuseum
Stephansplatz 6, 1010 Wien,
Tel. 515 52-3560, Di–Sa 10.00–17.00 Uhr
(zu Fuß über die Wollzeile bis zum Durchgang Wollzeile/ Schulerstraße oder U3 Station Stubentor bis Station Stephansplatz)
sakrales Kunstgewerbe, Ornate

Friedenspagode
Am Dammhaufen 50, 1020 Wien
(U3 Station Stubentor bis Station Schlachthausgasse, dann Autobuslinie 80B bis Station Pagode)
buddhistischer Tempel und Stupa an der Donau gelegen

Generali Foundation
Wiedner Hauptstraße 15, 1040 Wien, Tel. 504 98 80-0, Di–Fr 10.00–17.00 Uhr, Do 11.00–20.00 Uhr, Sa, So 11.00–16.00 Uhr
Ausstellungshalle mit klarer Architektur von **Jabornegg & Pálffy**; interessante Sammlung und Archiv zeitgenössischer Kunst
(U4 Landstraße/Wien Mitte bis Karlsplatz und Straßenbahnlinie 62 oder 65 bis Paulanergasse)

Heeresgeschichtliches Museum
Ghegastraße Arsenal, 1030 Wien, Tel. 795 61-0, täglich (außer Freitag) 9.00–17.00 Uhr
(Straßenbahnlinie 1 Station Stubentor bis Station Schwarzenbergplatz, dann Straßenbahnlinie D bis Station Südbahnhof)
wichtiges Beispiel für das Gesamtkunstwerk des Historismus, „Türkenbeute"

Historisches Museum der Stadt Wien
Karlsplatz 8, 1040 Wien, Tel. 505 87 47, Di–So 9.00–18.00 Uhr
(U4 Station Landstraße/Wien Mitte bis Station Karlsplatz)
Schwerpunkt Geschichte der Stadt Wien in allen Facetten, v. a. Stephansdom, Wiener Porzellan, Wien um 1900, aber auch Wiener Werkstätte
Hermesvilla, Lainzer Tiergarten, 1130 Wien, Di–So 10.00–18.00 Uhr (1. April–30. Sept.), Di–So und

Feiertag 9.00–16.30 Uhr (1. Okt.–
31. März)
*(U4 Station Landstraße/Wien
Mitte bis Station Hietzing, dann
Straßenbahnlinie 60 bis Station
Hermesstraße und Autobuslinie
60B bis Station Lainzer Tor)*
wechselnde Ausstellungen zu
vorwiegend Wiener Themen,
als Sommersitz von Kaiserin
Elisabeth erbaut

Uhrenmuseum der Stadt Wien,
Schulhof 2, 1010 Wien,
Di–So 9.00–16.30 Uhr
*(Autobuslinie 1A Station
Dr.-Karl-Lueger-Platz bis
Station Hoher Markt)*
Uhrensammlung

Hofburg
Silberkammer (Hoftafel- und
Silberkammer), Innerer Burghof 1,
1010 Wien, Tel. 533 75 70,
täglich 9.00–17.00 Uhr
*(U3 Station Stubentor bis Station
Herrengasse)*
bedeutende Sammlung europäischer und asiatischer Porzellane,
ehemalige Hoftafel- und Silberkammer, Magazin des kaiserlichen Haushaltes

Japanischer Garten
(Setagaya Park)
Hohe Warte 8, 1190 Wien,
täglich von 7.00 Uhr bis zum
Einbruch der Dunkelheit,
Wintersperre von Dez.–Feb.
*(U4 Station Landstraße/Wien
Mitte bis Station Heiligenstadt,
dann Autobuslinie 39A bis
Station Hohe Warte)*
japanische Gartenkunst des
20. Jahrhunderts

Kaiserliches Hofmobiliendepot
Mariahilferstraße 88, 1070 Wien
(Zugang über Andreasgasse 7),
Tel. 524 33 57-0,

Di–So 10.00–18.00 Uhr
*(U3 Station Stubentor bis Station
Zieglergasse)*
ehemaliges Möbelmagazin des
Hofes und Rekonstruktionen
von Zimmereinrichtungen des
18. – 21. Jahrhunderts

Kunstforum der Bank Austria
Freyung 8, 1010 Wien, Tel. 537 33-0,
Mo–Di, Do–Sa 10.00–18.00 Uhr,
Mi 10.00–20.00 Uhr
*(U3 Station Stubentor bis Station
Stephansplatz)*
Wechselausstellungen zur Kunst
des 20./21. Jahrhunderts

Kunsthistorisches Museum
Tel. 525 24-0
Kunstkammer, Maria
Theresienplatz, 1010 Wien,
Di–So 10.00–18.00 Uhr
*(Straßenbahnlinie 1 Station
Stubentor bis Station Burgring)*
höfisches Kunstgewerbe
Schatzkammer, Schweizerhof,
1010 Wien, Mi–Mo 10.00–18.00 Uhr
*(U3 Station Stubentor bis Station
Herrengasse)*
Krönungsgewänder und Reichs-
insignien der Könige und Kaiser
des heiligen römischen Reiches
deutscher Nation, Messornat des
Ordens vom Goldenen Vlies
Hofjagd- und Rüstkammer, Neue
Burg, Heldenplatz, 1010 Wien,
Mi–Mo 10.00–18.00 Uhr
*(Straßenbahnlinie 1 Station
Stubentor bis Station Burgring)*
europäische und orientalische
Plattnerkunst

Museum im Schottenstift
Freyung 6, 1010 Wien,
Tel. 534 98 60-0, Do–Sa
10.00–17.00 Uhr, So und Feiertag
10.30–17.00 Uhr, Juni–Aug.:
So und Feiertag geschlossen
*(U3 Station Stubentor bis Station
Herrengasse)*

umfangreiche Sammlung von
Gemälden, Möbeln, Tapisserien,
Paramenten sowie liturgischen
Geräten und Gewändern

MuseumsQuartier

Museumsplatz 1, 1070 Wien
*(U3 Station Stubentor bis Station
Volkstheater/Museumsquartier)*
Kunstareal am Rand der Wiener
Altstadt; beherbergt diverse
Kunst- und Kulturinstitutionen,
-initiativen sowie Festivalhallen
Architekturzentrum Wien,
Tel. 522 31 15, täglich 10.00–19.00 Uhr
Präsentationsort für internatio-
nale Entwicklungen der Archi-
tektur sowie Informations-
zentrum und Datenbank zur
österreichischen Architektur
Kunsthalle Wien, Tel. 521 89-33,
Mo–Mi, Fr–So 10.00–19.00 Uhr,
Do 10.00–22.00 Uhr
Ausstellungsinstitution für inter-
nationale zeitgenössische Kunst
Leopold Museum, Tel. 525 70-0,
Sa–Mo, Mi, Do 10.00–19.00 Uhr,
Fr 10.00–21.00 Uhr
Schwerpunkte: Wiener Seces-
sionsmus, Wiener Moderne und
Österreichischer Expressionismus
**Museum moderner Kunst
Stiftung Ludwig Wien (MUMOK)**,
Tel. 525 00-0, Di, Mi, Fr, Sa
10.00–18.00 Uhr, Do 10.00–21.00 Uhr
Sammlungsschwerpunkte: Pop
Art und Fotorealismus, Fluxus
und Nouveau Réalisme sowie
Wiener Aktionismus
Zoom Kindermuseum,
Tel. 524 79 08, Mo–Fr 8.30–17.00 Uhr,
Sa, So und Ferien 10.00–17.30 Uhr
wechselnde Mitmachausstellun-
gen mit dem Ziel, Kinder in ihrem
kreativen Tatendrang anzuregen

Museum für Völkerkunde

Neue Hofburg, Heldenplatz,
1010 Wien, Tel. 534 30-0,
Mo, Mi–So 10.00–18.00 Uhr
*(Straßenbahnlinie 1 Station
Stubentor bis Station Burgring)*
außereuropäische Kunst

Österreichische Galerie Belvedere

Tel. 795 57-0
Oberes Belvedere, Prinz-Eugen-
Straße 27, 1030 Wien,
Di–So 9.00–17.00 Uhr, Sommer
10.00–18.00 Uhr
*(Straßenbahnlinie 1 Station
Stubentor bis Station Schwarzen-
bergplatz, dann Straßenbahnlinie
D bis Station Oberes Belvedere)*
Österreichische Malerei des
19./20. Jahrhunderts
Unteres Belvedere (Museum
mittelalterlicher und barocker
Kunst), Rennweg 6 und 6a,
1030 Wien, Di–So 10.00–18.00 Uhr
*(Straßenbahnlinie 1 Station
Stubentor bis Station
Schwarzenberg-Platz und dann
Straßenbahnlinie 71 bis Station
Unteres Belvedere)*
Schwerpunkt sakrale Skulptur,
Messerschmidt-Köpfe (vormals
MAK)

Österreichische Nationalbibliothek, Prunksaal

Josefsplatz 1, 1010 Wien,
Tel. 534 10-0, Mo–Mi, Fr, Sa
10.00–16.00 Uhr, Do 10.00–19.00
Uhr, So und Feiertag 10.00–14.00
Uhr (1. Mai–31. Okt.), Mo–Sa
10.00–14.00 Uhr (1. Nov.–30. April)
*(U3 Station Stubentor bis Station
Herrengasse)*
kaiserliche Bibliothek im
Originalzustand, Bibliothek als
Repräsentationsraum

Schatzkammer des Deutschen Ordens

Singerstraße 7, Stiege 1, 1010 Wien, Tel. 512 10 65, Mo, Do, Sa 10.00–12.00 Uhr, Mi, Fr, Sa 15.00–17.00 Uhr
(zu Fuß über die Wollzeile, dann durch die Domgasse und Blutgasse zur Singerstraße oder U3 Station Stubentor bis Station Stephansplatz)
Kunsthandwerk ab Spätmittelalter

Schloss Schönbrunn

Schloss Schönbrunn, 1130 Wien, Tel. 811 13-0, täglich 8.30–16.30 Uhr
(U4 Station Landstraße/Wien Mitte bis Station Schönbrunn)
kaiserliche Sommerresidenz mit Raumausstattungen des 18./19. Jahrhunderts

Secession

Friedrichstraße 12 (Karlsplatz), 1010 Wien, Tel. 587 53 07-0, Di–So 10.00–18.00 Uhr, Do 10.00–20.00 Uhr
(U4 Station Landstraße/Wien Mitte bis Station Karlsplatz)
Ausstellungsgebäude der Wiener Secession von Joseph Maria Olbrich, Beethovenfries von Gustav Klimt, Ausstellungen zeitgenössischer Kunst

Wiener Glasmuseum (J. & L. Lobmeyr)

Kärntnerstraße 26, 1015 Wien, Tel. 512 05 08, Mo–Fr 9.00–17.00 Uhr, Sa 10.00–16.00 Uhr
(U3 Station Stubentor bis Station Stephansplatz)
Glassammlung des 19./20. Jahrhunderts

außerhalb

Sammlung Essl

An der Donau-Au 1, 3400 Klosterneuburg, Tel. 02243/370 50-0, Di–So 10.00–19.00 Uhr, Mi 10.00–21.00 Uhr
(U4 Station Landstraße/Wien Mitte bis Station Spittelau, dann Schnellbahnlinie S40 nach Klosterneuburg-Weidling)
Privatsammlung internationaler zeitgenössischere Kunst

Stift Klosterneuburg

Stiftsmuseum, Stiftsplatz 1, 3400 Klosterneuburg, Tel. 02243/411-0, Di–So 10.00–17.00 Uhr
(U4 Station Landstraße/Wien Mitte bis Station Heiligenstadt, Autobuslinie 238, 239 bis Klosterneuburg)
Verduner Altar (Emailaltar von Nikolaus Verdun), bedeutende Sammlung von Bronzeplastiken der Spätrenaissance

Thonet-Museum

Bahnhofstraße 67, 8240 Friedberg/Steiermark, Tel. 03339/25 110, So 14.00–16.00 Uhr
(mit der Bahn von Wien-Südbahnhof bis Friedberg)
große Auswahl von Thonet-Stühlen vom ersten Bugholzmodell bis zu zeitgenössischen Entwürfen

ARCHITEKTUR

Unverzichtbare Positionen zur Architektur in Wien
(ausgewählt von Ute Woltron, Walter Zschokke und Peter Noever)

Bank Austria (ehemals
Z-Zweigstelle Favoriten)
Günther Domenig, 1975
Favoritenstraße 118, 1100 Wien
*(U3 Station Stubentor bis Station
Stephansplatz, dann U1 bis
Station Reumannplatz)*

Dachausbau Falkestraße
Coop Himmelb(l)au, 1987
Falkestraße 6, 1010 Wien (nur von
außen zu besichtigen)
*(Eingang zur Falkestraße gegen-
über vom MAK)*

Haus Stonborough-Wittgenstein
Ludwig Wittgenstein, 1926–1928
Kundmanngasse 19, 1030 Wien
*(U3 Station Stubentor bis Station
Rochusgasse)*

Hochhaus Herrengasse
Siegfried Theiss, Hans Jaksch,
1932–1935
Herrengasse 6–8, 1010 Wien
*(U3 Station Stubentor bis Station
Herrengasse)*

**Juridische Fakultät der
Universität Wien**
Ernst Hiesmayr, 1970–1984
Schottenbastei 10–16, 1010 Wien
*(Straßenbahnlinie 1 Station
Stubentor bis Station
Schottentor)*

Kirche „Christus Hoffnung der Welt"
Heinz Tesar, 1999
Donaucitystraße 2, 1220 Wien
*(U3 Station Stubentor bis Station
Stephansplatz, dann U1 bis
Station Kaisermühlen/Vienna
International Center)*

Kleines Café
Hermann Czech, 1970–1977
Franziskanerplatz 3, 1010 Wien
*(zu Fuß über die Wollzeile bis
zur Singerstraße, dann bis zur
Ballgasse und weiter zum
Franziskanerplatz)*

Philips-Haus
Karl Schwanzer, 1962–1964
Triester Straße 64–66, 1100 Wien
*(Straßenbahnlinie 1 Station
Stubentor bis Station Oper, dann
Straßenbahnlinie 65 bis Station
Windtenstraße)*

Restaurant Kiang
**Helmut Richter,
Heidulf Gerngross**, 1984–1985
Rotgasse 8, 1010 Wien
*(Straßenbahnlinie 2 Station
Stubentor bis Station
Schwedenplatz)*

Wohnbau Frauenfelderstraße
**Dieter Henke,
Marta Schreieck**, 1991
Frauenfelderstraße 14, 1170 Wien
*(Straßenbahnlinie 1 Station
Stubentor bis Station Schottentor,
dann Straßenbahnlinie 43 bis
Schnellbahn Station Hernals)*

Wohnheim Matznergasse
**BKK-2 (C. Lammgruber und
andere)**, 1993
Matznergasse 8/Goldschlag-
straße 169, 1140 Wien
*(U3 Station Stubentor bis Station
Westbahnhof, dann Straßen-
bahnlinie 52 bis Station
Diesterweggasse)*

GALERIEN

Zahlreiche renommierte Galerien befinden sich weiterhin im 1. Bezirk. Eine besondere Dynamik entwickelt sich in der Eschenbachgasse im 1. Bezirk sowie im 4. Bezirk in der Schleifmühlgasse.

DESIGN

Wenn Sie im MAK Design Shop nicht ohnehin schon das Interessanteste gefunden haben

Galerie V&V, Forum für zeitgenössischen Schmuck
Bauernmarkt 19, 1010 Wien
(unter der Ankeruhr), Tel. 535 63 34
(U3 Station Stubentor bis Station Stephansplatz, zu Fuß durch die Rotenturmstraße bis zum Hohen Markt und dann in den Bauernmarkt)

KlausEngelhorn22 – contemporary design
Stubenring 22, 1010 Wien,
Tel. 512 79 40,
www.klausengelhorn.com
(gegenüber vom MAK)

Stubenring 6 (Design 1930 – 1970)
Stubenring 6, 1010 Wien,
Tel. 513 97 87 oder 0676/627 32 41

Unit F – Büro für Mode
Gumpendorferstraße 10–12,
1060 Wien, Tel. 219 84 99
(U4 Station Landstraße/Wien Mitte bis Station Karlsplatz /Ausgang Richtung Secession, über Getreidemarkt zur Gumpendorfer Straße)

ESSEN UND TRINKEN

Gutes Essen und Trinken umgeben von anspruchsvoller Architektur

Cafe Prückel
Oswald Haerdtl, 1955
Stubenring 24, 1010 Wien,
Tel. 512 61 15, täglich 8.30–22.00 Uhr

Eiserne Zeit (Gasthaus)
Naschmarkt/Höhe Linke
Wienzeile 14, 1060 Wien,
Tel. 587 03 31, Mo–Sa 8.00–22.00 Uhr

Kiang (Restaurant)
Helmut Richter,
Heidulf Gerngross, 1984–1985
Rotgasse 8, 1010 Wien, Tel. 533 08 56,
täglich 11.30–24.00 Uhr

Loos-Bar
Adolf Loos, 1908
Kärntnerstraße 10, 1010 Wien,
Tel. 512 32 83, täglich 18.00–4.00 Uhr (Sommer), Mo–Fr 12.00–4.00 Uhr, Sa 12.00–5.00 Uhr (Winter)

Palmenhaus im Burggarten
(Café-Restaurant)
Eichinger oder Knechtl, 1999
Burggarten/Eingang Albertina,
1010 Wien, Tel. 533 10 33,
täglich 10.00–2.00 Uhr

Schwarzes Kameel
(Feinkosthandlung, Imbiss und
Restaurant), gegründet 1618
Bognergasse 5, 1010 Wien,
Tel. 533 81 25-0,
Mo–Sa 8.30–23.00 Uhr

Trzesniewski (Büffet),
gegründet 1902, Dorothergasse 1,
1010 Wien, Tel. 512 32 91

Ubl (Gasthaus)
Preßgasse 26, 1040 Wien,
Tel. 587 64 37, täglich 12.00–14.00 Uhr
und 18.00–24.00 Uhr

Unger und Klein (Weinhandlung
mit Buffet)
Eichinger oder Knechtl, 1994
Gölsdorfgasse 2/Rudolfsplatz,
1010 Wien, Tel. 532 13 23,
Mo–Fr 14.00–22.00 Uhr,
Sa 11.00–14.00 Uhr

MUSIK

Orte junger Musik

Flex
Donaukanal/Abgang
Augartenbrücke, 1010 Wien,
Tel. 533 75 24, täglich 18.00–3.00 Uhr

Pavillon Volksgarten
1010 Wien, Burgring 1,
Tel. 532 09 07, täglich 11.00–2.00 Uhr
(1. Mai–Ende Sept.)

Porgy & Bess
Riemergasse 11, 1010 Wien,
Tel. 503 70 09

Die Stadtbahnbögen unterhalb
der Linie U6 zwischen Urban-
Loritz-Platz und Josefstädter

Straße nach einem Gesamt-
konzept von **Sonja Tilner**.
Die innovativste „Kulturmeile"
der Stadt mit viel Live- und elek-
tronischer Musik (**Chelsea**,
U-Bahn-Bögen Lerchenfelder-
straße, Tel. 407 93 09, täglich
18.00–4.00 Uhr, So 16.00–3.00
Uhr; **B 72**, Bogen 72, Hernalser
Gürtel, Tel. 409 21 28; **Rhiz**, Bogen
37–38, Lerchenfeldergürtel, Tel.
409 25 05, Mo–Sa 18.00–4.00,
So 18.00–2.00 Uhr), dem von
Valie Export gestalteten
Kunstraum und der neuen
Städtischen Bibliothek über der
U-Bahnstation Burggasse

SHOPPING

Für Dinge, die nicht überall sonst auch zu finden sind

Bäckerei Grimm
Kurrentgasse 10, 1010 Wien,
Tel. 533 13 84-0

Bips (Kindermode)
Spitalgasse 15, 1090 Wien,
Tel. 405 83 44-0

Blumenkraft
Schleifmühlgasse 4, 1040 Wien,
Tel. 585 77 27

Boutique Chegini
Plankengasse 4, 1010 Wien,
Tel. 512 22 31

Buchhandlung a. punkt,
Brigitte Salanda
Fischerstiege 1–7, Stg. 3,
Ecke Sterngasse, 1010 Wien,
Tel. 532 85 14

Buchhandlung Judith Ortner
Sonnenfelsgasse 8, 1010 Wien,
Tel. 512 74 69

Buchhandlung Lia Wolf
Bäckerstraße 2, 1010 Wien,
Tel. 512 40 94

Demmer high tea
(Tee und Geschenke)
Paniglgasse 17, 1040 Wien,
Tel. 504 15 09

Denkstein (Schuhe)
Bauernmarkt 8, 1010 Wien,
Tel. 533 04 60

Die rote Tür
(Kleinigkeiten aus aller Welt)
Schleifmühlgasse 13, 1040 Wien,
Tel. 513 79 61

Disaster Clothing (Boutique)
Kirchengasse 19, 1070 Wien,
Tel. 524 14 09

Duft & Kultur
Tuchlauben 17, 1010 Wien,
Tel. 532 39 60

Eisner (Küchenbedarf)
Stumpergasse 63–65, 1060 Wien,
Tel. 597 07 01

Emis Mode Galerie
Wildpretmarkt 7, 1010 Wien,
Tel. 535 28 19

firis (Boutique)
Bauernmarkt 9, 1010 Wien,
Tel. 533 42 75

Guys & Dolls (Boutique)
Schultergasse 2, 1010 Wien,
Tel. 535 42 83

Henn (Einrichtungen)
Naglergasse 29, 1010 Wien,
Tel. 533 83 82

Johanna Kölbl (Perlenschmuck)
Falkestraße 6, 1010 Wien,
Tel. 512 51 47

Kaffeerösterei Alt Wien
Schleifmühlgasse 23, 1040 Wien,
Tel. 505 08 00

Kaufhaus Schiepek (Perlen,
Kitsch und Krimskrams)
Teinfaltstraße 3, 1010 Wien,
Tel. 533 15 75

Kontor (Lederwaren und
Wohnaccessoires)
Spiegelgasse 15, 1010 Wien,
Tel. 512 41 92

Michel Mayer (Mode)
Singerstraße 7, 1010 Wien,
Tel. 967 40 55

Modellhüte Fernau
Operngasse 30, 1010 Wien,
Tel. 587 73 80

Nanadebary (Cosmetics)
Bauernmarkt 9, 1010 Wien,
Tel. 533 07 09

Naschmarkt
Wienzeile zwischen Getreidemarkt und Kettenbrückengasse,
1060 Wien

Niel O. (englische Stoffe)
Walfischgasse 2, 1010 Wien,
Tel. 512 89 16

Papierwerkstatt
Kaiserstraße 67, 1070 Wien,
Tel. 522 39 91

Petzolt (Metallwaren)
Burggasse 52–54, 1070 Wien,
Tel. 523 16 16-0

Piccini (italienische Spezialitäten)
Linke Wienzeile 4, 1060 Wien,
Tel. 587 52 54

Pregenzer (Boutique)
Schleifmühlgasse 4, 1040 Wien,
Tel. 586 57 58

Rauminhalt Design 1950–1970
Schleifmühlgasse 13, 1040 Wien,
Tel. 409 98 92

Red Octopus Records
Josefstädterstraße 99, 1080 Wien,
Tel. 408 12 22

Robert Horn (Lederwaren)
Mahlerstraße 5, 1010 Wien,
Tel. 513 65 07

**Shakespeare & Company
Booksellers**
Sterngasse 2, 1010 Wien,
Tel. 535 50 53-0

Shu! (Schuhe)
Neubaugasse 34, 1070 Wien,
Tel. 523 14 49

Song Boutique
Landskrongasse 2, 1010 Wien,
Tel. 532 28 58

Wäscheflott (Hemdenmacher)
Augustinerstraße 7, 1010 Wien,
Tel. 533 50 84

Witte Ed (Feuerwerkskörper)
Linke Wienzeile 16, 1060 Wien,
Tel. 586 43 05-0

Witte Ed (Faschingsbedarf)
Führichgasse 4, 1010 Wien,
Tel. 512 69 67

außerhalb

Wunderl (Schuhe)
Wiener Neustädter Str. 62, 2601
Sollenau, Tel. 02628/63 73 70

MAK-TOUREN

MAK-TOUR 1

ARCHITEKTUR UM 1900

Tagestour

Start im MAK mit Wiener Werkstätte und Jugendstil in Wien
**MAK – Österreichisches Museum
für angewandte Kunst**
Heinrich von Ferstel,
1867–1871
Stubenring 5, 1010 Wien

>>> *zu Fuß vom MAK über den
Stubenring zur* >>>

Postsparkasse Otto Wagner,
1904–1906 und 1910–1912
Georg Coch-Platz 2, 1010 Wien

>>> *zu Fuß durch den Stadtpark
oder mit Straßenbahnlinie 1 bis
Weihburggasse zum Stadtpark*
>>>

**Kaianlage am Stadtpark und
Ufergestaltung**
Friedrich Ohmann,
Josef Hackhofer, 1903–1907

und

Stadtbahnstation Stadtpark
Otto Wagner, 1897–1898

>>> *mit der U4 von Stadtpark bis
Karlsplatz* >>>

Stadtbahnpavillons Karlsplatz
Otto Wagner, 1898–1899

>>> *zu Fuß durch den Resslpark
bis zur Friedrichstraße* >>>

Secession
Joseph Maria Olbrich, 1897–1898
Friedrichstraße 12, 1010 Wien

>>> *zu Fuß stadtauswärts über
den Naschmarkt bis
Kettenbrückengasse* >>>

Wohnhäuser an der Wienzeile
Otto Wagner, 1898–1999
Linke Wienzeile 38 und 40,
1060 Wien

>>> *mit der U4 von Ketten-
brückengasse bis Hietzing* >>>

Hofpavillon – Stadtbahn
Otto Wagner, 1894–1898
Schönbrunner Schlossstraße
U-Bahnstation Hietzing, 1130 Wien

>>> *mit Straßenbahnlinie 60 von
U4 Station Hietzing/Kennedy-
Brücke bis Station Gloriettegasse*
>>>

Villa Skywa-Primavesi
Josef Hoffmann, 1913–1915
Gloriettegasse 18, 1130 Wien

>>> *zu Fuß durch die Gloriette-
gasse bis zur Wattmanngasse* >>>

Wohnhaus
Ernst Lichtblau, 1914
Wattmanngasse 29, 1130 Wien

>>> *zu Fuß zurück durch die
Gloriettegasse bis zur Lainzerstraße, über die Wenzgasse in
die Larochegasse* >>>

Haus Scheu
Adolf Loos, 1912–1913
Larochegasse 3, 1130 Wien

>>> *zu Fuß weiter zurück zur
Lainzerstraße, stadtauswärts bis
zur Beckgasse* >>>

Wohnhaus
Josef Plecnik, Karl Langer,
1900–1901
Beckgasse 30, 1130 Wien

>>> *zu Fuß weiter stadtauswärts
bis zur St. Veit-Gasse, links berg-
auf* >>>

Haus Steiner
Adolf Loos, 1910
St. Veit-Gasse 10, 1130 Wien

>>> *weiter bergauf über die
Stadlergasse, entlang der Bahn
die Hummelgasse stadtauswärts
bis zur Veitingergasse, über den
Gleiskörper, bei der Sauraugasse
rechts in die Nothartgasse ab-
biegen* >>>

Haus Horner
Adolf Loos,
1912–1913
Nothartgasse 7, 1130 Wien

>>> *zu Fuß die Veitingergasse
stadtauswärts bis zur
Jagdschlossgasse* >>>

Werkbundsiedlung,
Gesamtleitung und Auswahl der
Architekten durch **Josef Frank**
1930–1932
(Jagdschlossgasse, Veitingergasse,
Woinovichgasse, Jagicgasse,
1130 Wien)
Architekten **Gerrit Rietveld,
Josef Hoffmann, Adolf Loos /
Heinrich Kulka, André Lurçat,
Ernst A. Plischke, Hugo Häring,
Anton Brenner, Josef Frank,
Oswald Haerdtl, Oskar Strnad,
Walter Sobotka** (Gebäude von
Oskar Strnad und **Walter Sobotka**
sowie zwei Gebäude von **Hugo
Häring** durch Bombentreffer
1945 zerstört)

MAK-TOUR 2

ARCHITEKTUR UM 1900

Halbtagestour

>>> *zu Fuß vom* **MAK** *über den Stubenring zur* >>>

Postsparkasse
Otto Wagner, 1904–1906 und 1910–1912
Georg Coch-Platz 2, 1010 Wien

>>> *zu Fuß zurück über den Stubenring, über die Weiskirchnerstraße stadtauswärts zur Landstrasser Hauptstraße, über die Beatrixgasse weiter in die Ungargasse* >>>

Wohn- und Geschäftshaus Portoix & Fix
Max Fabiani, 1898–1900
Ungargasse 59–61, 1030 Wien

>>> *stadteinwärts über den Heumarkt zum Stadtpark* >>>

Kaianlage am Stadtpark und Ufergestaltung
Friedrich Ohmann,
Josef Hackhofer, 1903–1907

und

Stadtbahnstation Stadtpark
Otto Wagner, 1897–1898

>>> *mit der U4 von Stadtpark bis Karlsplatz* >>>

Stadtbahnpavillons Karlsplatz
Otto Wagner, 1898–1899

>>> *zu Fuß durch den Resslpark zur Friedrichstraße* >>>

Secession
Joseph Maria Olbrich, 1897–1898
Friedrichstraße 12, 1010 Wien

>>> *zu Fuß stadtauswärts über den Naschmarkt – Kettenbrückengasse* >>>

Wohnhäuser an der Wienzeile
Otto Wagner, 1898–1999
Linke Wienzeile 38 und 40, 1060 Wien

>>> *mit der U4 von Kettenbrückengasse bis Schottenring* >>>

Schützenhaus
Otto Wagner, 1907
Obere Donaustraße 26, 1020 Wien

>>> *mit dem Bus 3A von Station Schottenring bis Hoher Markt* >>>

Ankeruhr
Franz von Matsch, 1911–1917
Hoher Markt 10–11, 1010 Wien

>>> *zu Fuß stadteinwärts über den Bauernmarkt* >>>

Zacherlhaus
Josef Plecnik, 1903–1905
Bauernmarkt 5, Wildpretmarkt 2–4, Brandstätte 6, 1010 Wien

>>> *zu Fuß stadteinwärts bis Trattnergasse* >>>

Trattnerhof
Rudolf Krauß, 1911–1912
Trattnergasse, Graben 29,
1010 Wien
>>> *zu Fuß am Graben* >>>

Ankerhaus
Otto Wagner, 1893–1895
Graben 10/Ecke Spiegelgasse,
1010 Wien

Knize Schneidersalon
Adolf Loos, 1910–1913
Graben 13, 1010 Wien

>>> *zu Fuß vom Graben zum
Kohlmarkt* >>>

Artariahaus
Max Fabiani, 1900–1901
Kohlmarkt 9, 1010 Wien

>>> *zu Fuß vom Kohlmarkt
zum Michaelerplatz* >>>

Looshaus (ehem. Goldman
und Salatsch)
Adolf Loos, 1909–1911
Michaelerplatz, 1010 Wien

MAK-TOUR 3

BAROCK

Halbtagestour

>>> *zu Fuß vom* **MAK** *stadtein-
wärts über den Dr. Karl Lueger
Platz zur Postgasse* >>>

Dominikanerkirche 1631–1634,
Fassade 1666–1674
Postgasse 4, 1010 Wien

>>> *Bäckerstraße stadteinwärts
zum Ignaz-Seipel-Platz* >>>

Jesuitenkirche (alte Universitäts-
kirche) 1626–1631 erbaut,
1703–1705 von **Andrea Pozzo**
umgestaltet
Ignaz-Seipel-Platz, 1010 Wien

Akademie der Wissenschaften
(alte Universität)
Jean Nicolas Jadot de Ville-Issey,
1753–1755
Ignaz-Seipel-Platz, 1010 Wien

>>> *zu Fuß stadteinwärts in die
Bäckerstraße* >>>

**Bäckerstraße Wohnhäuser und
Stadtpalais** aus dem 17. und 18.
Jahrhundert

>>> *weiter zum Lugeck, rechts
über die Köllnerhofgasse* >>>

**Heiligenkreuzerhof und
Schönlaterngasse** Wohnhäuser
und Hofanlage aus dem
18. Jahrhundert

>>> *zurück zum Lugeck, über
die Rotenturmstraße zum Hohen
Markt* >>>

Vermählungsbrunnen (Josefs-
brunnen) **Josef Emanuel Fischer
von Erlach**, 1729–1732
Hoher Markt, 1010 Wien

>>> *zu Fuß in die Wipplingerstraße* >>>

Altes Rathaus
Fassadengestaltung um 1700,
Portal 1781, im Innenhof
Andromedabrunnen
Raffael Donner, 1740–1741
Wipplingerstraße 8, 1010 Wien

>>> *von der Wipplingerstraße durch die Fütterergasse zum Judenplatz* >>>

Böhmische Hofkanzlei
Johann Bernhard Fischer von
Erlach, 1708–1714, von **Matthias
Gerl** 1750–1754 erweitert
Wipplingerstraße 7/Judenplatz 11,
1010 Wien

>>> *vom Judenplatz durch die Drahtgasse zum Platz Am Hof* >>>

Bürgerliches Zeughaus
von **Anton Ospel** 1731–1732
umgestaltet
Am Hof 10, 1010 Wien

Kirche am Hof (9 Chöre der
Engel) Fassade von **Carlo Antonio
Carlone**, 1607–1610
Am Hof, 1010 Wien

>>> *zu Fuß über Heidenschuss und Freyung zur Renngasse* >>>

Palais Batthyany-Schönborn
Johann Bernhard Fischer von
Erlach, 1698–1706
Renngasse 4, 1010 Wien

Palais Kinsky
Johann Lucas von Hildebrandt,
1713–1716
Freyung 4, 1010 Wien

Palais Harrach nach Entwurf von
Domenico Martinelli (?), um
1700, Freyung 3, 1010 Wien

>>> *zu Fuß über die Herrengasse zur Bankgasse* >>>

Palais Lichtenstein nach Entwurf
von **Domenico Martinelli**,
1694–1706
Bankgasse 9, 1010 Wien

>>> *zu Fuß weiter über den Michaelerplatz zum Josefsplatz* >>>

Hofburg, Nationalbibliothek
von **Johann Bernhard Fischer
von Erlach** und **Josef Emanuel
Fischer von Erlach** 1719–1735
umgestaltet
Hofburg, Josefsplatz, 1010 Wien

>>> *zu Fuß über die Augustiner-straße zum Lobkowitzplatz* >>>

Palais Lobkowitz
Giovanni Pietro Tencala, 1685–
1687, Portikus von **Johann
Bernhard Fischer von Erlach**,
1709–1711
Lobkowitzplatz 2, 1010 Wien

>>> *zu Fuß stadteinwärts über die Tegtthofstraße zum Neuen Markt* >>>

Kapuzinergruft seit 1633
Kaisergruft mit kunsthistorisch
bedeutsamen Sarkophagen
Neuer Markt, 1010 Wien

Donnerbrunnen
Raffael Donner
1737–1739 (Original im Barock-
museum im Unteren Belvedere)
Neuer Markt, 1010 Wien

>>> *über die Kärntnerstraße zur Annagasse* >>>

Annagasse Wohnhäuser und Stadtpalais aus dem 17. und 18. Jahrhundert

Stadtpalais des Prinzen Eugen (Finanzministerium) **Johann Bernhard Fischer von Erlach**, 1695, von **Johann Lucas von Hildebrandt** 1708–1724 erweitert. Himmelpfortgasse 8, 1010 Wien

>>> *über die Rauhensteingasse und die Ballgasse zum Franziskanerplatz* >>>

Franziskanerkirche **Bonaventura Daum (?)**, 1603–1611, Hochaltar von **Andrea Pozzo**, 1707 Franziskanerplatz, 1010 Wien

MAK-TOUR 4

RUND UMS GEYMÜLLERSCHLÖSSEL

Halbtagestour

Ausgangspunkt ist die **MAK-Expositur Geymüllerschlössel**, als „Sommergebäude" nach 1808 erbaut, Khevenhüllerstraße 2, 1180 Wien

Der Vater weist dem Kind den Weg Hubert Schmalix, 1998

Skyspace James Turrell, 1998

>>> *zu Fuß die Khevenhüller-straße hinauf bis zur Büdingergasse, weiter bis zur Starkfriedgasse zum* >>>

Haus Moller Adolf Loos, 1927–1928 Starkfriedgasse 19, 1180 Wien

>>> *weiter zu den* >>>

Villen in der Wilbrandtgasse (Haus Scholl, Haus Straus) **Josef Frank, Oskar Wlach, Oskar Strnad**, 1913–1914 Wilbrandtgasse 3 und 11, 1190 Wien

>>> *zurück zur Ludwiggasse und über die Pötzleinsdorfer Straße zum* >>>

Eingang des Pötzleinsdorfer Schlossparks **2 Gärtnerhäuser,** um 1800 erbaut **Pötzleinsdorfer Schlosspark** von **Konrad A. Rosenthal, Franz Illner** ab 1799 umgestaltet (Auftraggeber: Geymüller)

>>> *weiter mit der Straßenbahn-linie 41 bis Gersthof, dann mit der Schnellbahn bis zur Station Hernals zum* >>>

Kongressbad **Erich Leischner**, 1928 Julius-Meinl-Gasse 7A, 1160 Wien

>>> *und zu Fuß weiter zum* >>>

Sandleitenhof **Emil Hoppe, Otto Schönthal, Franz Matuschek**, 1924–1928 Sandleitengasse, Steinmüller-gasse, Metschlgasse, Baumeistergasse, Rosa-Luxemburg-Gasse, 1160 Wien

>>> *zu Fuß auf die Hernalser*
Hauptstraße und mit der
Autobuslinie 44b durch die >>>

Heuberg-Siedlung
Adolf Loos, 1921
Kretschekgasse, Röntgengasse,
Schrammelgasse, Plachygasse,
Trenkwaldgasse, 1170 Wien

MAK-TOUR 5

MAK IM ÖFFENTLICHEN RAUM

Halbtagestour

>>> *zu Fuß vom* **MAK** *durch den*
Stadtpark Richtung Haltestelle
U 4 Konzerthaus zum>>>

Stage Set **Donald Judd**, 1991,
aufgestellt 1996
Stadtpark (zwischen Café Meierei
Stadtpark und dem Spielplatz),
1030 Wien

>>> *zu Fuß durch den Stadtpark*
zurück zur Weiskirchnerstraße/
Stubenbrücke zu >>>

Vier Lemurenköpfe
Franz West, 2001
Stubenbrücke, 1010 Wien

>>> *zu Fuß in die Landstrasser*
Hauptstraße zur Haltestelle der
Line U4. Mit der Linie U4 zur
Station Schottenring zum >>>

Wiener Trio **Philip Johnson**, 1996
aufgestellt 1998
Franz-Josefs-Kai/Schottenring
(gegenüber Ringturm), 1010 Wien

>>> *Mit der Linie U2 von der*
Station Schottenring bis zur
Station Schottentor. Weiter mit
der Straßenbahn Linie 41 bis zur
Endstation Pötzleinsdorf. Zu Fuß
durch die Pötzleinsdorferstraße
stadtauswärts zum Geymüller-
schlössel. >>>

Sky Space **James Turrell**, 1998
(im Garten des
Geymüllerschlössel,
Khevenhüllerstraße 2, 1180 Wien)

DER SERVICETEIL

K.K.OESTERREICHISCHES MVSEVM

MAK

JEDEN
DIENSTAG
BIS 24 UHR
JEDEN
SAMSTAG
EINTRITT FREI

© MAK

MAK

Stubenring 5, 1010 Wien
(U4 Landstraße, U3 Stubentor,
1, 2, 1A, 74A Stubentor)
Tel. (+43-1) 711 36-0
Fax (+43-1) 713 10 26
Hotline: (+43-1) 712 80 00
Führungen: (+43-1) 711 36-298
E-Mail: office@MAK.at
www.MAK.at
Pressebüro: Tel. (+43-1) 711 36-233,
E-Mail: presse@MAK.at
Auskunft Führungen, MAK NITE©,
Sonderveranstaltungen:
Tel. (+43-1) 711 36-298,
E-Mail: education@MAK.at

Öffnungszeiten

MAK-Schausammlung,
MAK-Studiensammlung, MAK-
Ausstellungen, MAK-Design-Info-
Pool, MAK Design Shop:
Di (MAK NITE©) 10.00 – 24.00 Uhr,
Mi – So 10.00 – 18.00 Uhr,
Montag geschlossen
Jeden Samstag© Eintritt frei
MAK-Lesesaal, Buchhandlung im
MAK: täglich 10.00 – 18.00 Uhr,
Montag geschlossen
Oster- und Pfingstmontag geöff-
net, 24. und 31. Dezember: 10.00 –
15.00 Uhr.
1. Mai und 1. November geöffnet.
Geschlossen nur 1. Jänner,
25. Dezember.

MAK-Expositur Geymüllerschlössel

Sammlung Sobek
Khevenhüllerstraße 2, 1180 Wien
(Endstation 41, Buslinie 41A, eine
Station)
Führungen und Besichtigungen
gegen telefonische Voranmeldung,
Tel. (+43-1) 71136-298

MAK-Gegenwartskunstdepot Gefechtsturm Arenbergpark

Dannebergplatz/Barmherzigengasse,
1030 Wien
(Buslinie 74A, Einstiegstelle
Stubentor/Ausstiegstelle
Hintzerstraße)
Führungen von Mai bis November
jeden 1. Donnerstag im Monat um
17.00 Uhr

MAK Center for Art and Architecture, Los Angeles

Schindler House
835 North Kings Road,
West Hollywood, CA 90069
Mi – So 11.00 – 18.00 Uhr,
Mo, Di geschlossen
Tel. (+1-323) 651 1510
Fax (+1-323) 651 2340
E-Mail: MAKcenter@earthlink.net
www.MAKcenter.com

MAK-Design-Info-Pool

Tel. (+43-1) 711 36-305
Fax (+43-1) 711 36-304
E-Mail: design@MAK.at

www.MAK.at

MAK AKADEMIE

Die MAK AKADEMIE ist eine Initiative, die dem interessierten Besucher und Fachleuten Spezialkenntnisse aus dem Museum nahebringen soll. Dabei stehen die Sammlungen und aktuellen Ausstellungen des MAK im Mittelpunkt.

Es gehört zu den Prinzipien der MAK AKADEMIE, die Teilnehmer anhand der Originale der MAK-Sammlungen mit den Themen vertraut zu machen.

Darüber hinaus werden Sammlungsleiter, Restauratoren und Gastvortragende in Vorträgen, Demonstrationen und fallweise auch Exkursionen den Themenkreis schwerpunktmäßig erweitern.

Die MAK AKADEMIE findet an Wochenenden während der jeweils ersten Jahreshälfte statt; die Teilnehmerzahl ist auf zwanzig beschränkt.

Das Programm ist ab dem Herbst des Vorjahres über www.MAK.at abrufbar, es kann auch unter makakademie@MAK.at angefordert werden.

MAK ART SOCIETY (MARS)

Seit 1986 bietet die MAK ART SOCIETY Kunstinteressierten aus den unterschiedlichsten Bereichen die Möglichkeit, sich aktiv an den Ideen und der Arbeit des MAK zu beteiligen. Die unterstützenden Mitglieder der MAK ART SOCIETY nehmen unmittelbar an den künstlerischen Produktionen und Umsetzungen teil und fördern damit die Vorreiterrolle des MAK als exklusives Zentrum für die Auseinandersetzung mit Kunst. Die MAK ART SOCIETY fördert das MAK bei der Realisierung von Aktivitäten, die Kunst aktiv unterstützen: Forschungsarbeiten, Ankauf von Kunstwerken, Ausstellungsprojekte, Informationsveranstaltungen, Exclusive-Events, Previews, Vernissagen, Kunst- und Architekturreisen, Publikationen und Workshops für Kinder im Rahmen der MINI MARS.

MARS – Generalsekretariat

Michaela Hartig, Desirée Treichl-Stürgkh (Special Projects)
Tel. (+43-1) 711 36-207
Fax (+43-1) 711 36-213
E-Mail: makartsociety@MAK.at
Johannes Strohmayer (Rechnungsprüfer)

MARS – Vorstand

Ingrid Gazzari *Präsident*
Peter Noever
    Stellvertretender Präsident
Michael Hochenegg
    Stellvertretender Präsident
Gregor Eichinger *Schriftführer*
Manfred Wakolbinger *Kassier*
Cornelius Grupp
Wolfgang M. Rosam
Eva Schlegel
Desirée Treichl-Stürgkh

MAK Artist Board

Vito Acconci, New York
Coop Himmelb(l)au, Wien
Bruno Gironcoli, Wien
Zaha M. Hadid, London
Jenny Holzer, New York
Dennis Hopper, Los Angeles
Rebecca Horn, Bad König,
    Deutschland
Magdalena Jetelová,
    Bergheim Thorr, Deutschland
Ilya & Emilia Kabakov, New York
Jannis Kounellis, Rom
Maria Lassnig, Wien
Thom Mayne, Los Angeles
Oswald Oberhuber, Wien
Roland Rainer, Wien

Kiki Smith, New York
Franz West, Wien
Lebbeus Woods, New York
Heimo Zobernig, Wien

**International MAK
Advisory Board**
Gerti Gürtler, Wien
Ulrike Crespo, Frankfurt/Main
James Dyson, London
Rolf Fehlbaum, Basel
Eva Ferstl, Wien
Ernfried Fuchs, Wien
Francesca von Habsburg, Salzburg
Heinz F. Hofer-Wittmann,
    Etsdorf/Kamp
Eva-Maria von Höfer, Wien
Ursula Kwizda, Wien
Ronald S. Lauder, New York
Franz-Hesso zu Leiningen,
    Tegernsee, Deutschland
Thaddeus Ropac, Salzburg
Frederick & Laurie Samitaur Smith,
    Los Angeles
W. Michael Satke, Wien
Penelope Seidler, Killara
Jorge Vergara, Zapopan
Iwan Wirth, Zürich

MAK ARTISTS AND ARCHITECTS-IN-RESIDENCE PROGRAM

Das Bundesministerium für Bildung, Wissenschaft und Kultur der Republik Österreich sowie das Bundeskanzleramt – Kunstsektion vergeben gemeinsam mit dem MAK jährlich acht Stipendien für Aufenthalte im Pearl M. Mackey House, Los Angeles.
Ein Hauptanliegen des Stipendiatenprogramms ist es, im Bereich der gezielten und langfristigen Individualförderung junger freischaffender Künstler, Architekturstudenten (2. Studienabschnitt) und Diplomabsolventen der Studienrichtung Architektur unmittelbar nach dem Studienabschluss

tätig zu sein und durch ein aktives Austauschprogramm neue, grenzüberschreitende Möglichkeiten und Konfrontationen zu schaffen. Im thematischen Mittelpunkt steht die dezidierte Orientierung zum Experiment in den übergreifenden Bereichen der Kunst und Architektur. Durch eine vielseitige und praxisorientierte Programmstruktur (Mitwirkung bei Programmgestaltung im Schindler House, Zusammenarbeit mit Universitäten, Künstlern und Architekten, Ausstellungstätigkeit) bietet das Stipendiatenprogramm eine breite Auseinandersetzung mit aktuellen Fragen der Kunst und Architektur. Die Vergabe erfolgt einmal jährlich durch eine internationale Jury. Bisherige Studenten waren u. a. Swetlana Heger & Plamen Dejanov, G.R.A.M. (Martin Behr, Günther Holler-Schuster, Ronald Walter, Armin Ranner), Gelatin (Ali Janka & Tobias Urban), Jun Yang, Dorit Margreiter, Richard Hoeck

Information: Tel. (+43-1) 711 36-274, Fax (+43-1) 711 36-252, E-Mail: exhib@MAK.at, www.MAK.at

MAK-BILDUNGSPROGRAMM UND FÜHRUNGEN

Als ein wichtiges Aufgabengebiet sieht das MAK sein Vermittlungsprogramm. Das Angebot reicht vom kleinsten Modul (Führungen), über Vorträge, Workshops und MAK AKADEMIE bis zu Kunstgesprächen und Diskussionsrunden. Informationen zu den verschiedensten aktuellen Veranstaltungen, wie z. B. den wöchentlichen Führungen, können der Homepage und dem Zweimonatsprogramm entnommen

Kinderprogramm 2002

lungen des MAK. In Workshops wird das Gesehene praktisch umgesetzt. Weitere Museumsabenteuer für Kids sind das Sommerferienspiel und MINI MAK im Advent. Deshalb unser Motto: Mitmachen, angewandtes Abenteuer und Kreativität!

Für Kinder ab dem 4. Lebensjahr werden jedes Monat Führungen und Workshops angeboten. Individuelle MINI MAK Programme für Feste und Schulausflüge können jederzeit organisiert werden.

MAK 4 FAMILY
Jeweils an einem Samstag im Monat um 15.00 Uhr spezielle Führungen für die ganze Familie.

MAK SENIOREN
Jeden dritten Mittwoch im Monat um 15.00 Uhr. Anschließend besteht die Möglichkeit, an einem weiterführenden Gespräch im MAK-Café teilzunehmen. Gesamtpreis: € 10,–. Anmeldung erforderlich.

MAK TOURS
Jeden Dienstag 19.00 Uhr (an Feiertagen 15.00 Uhr), jeden Sonntag 15.00 Uhr.

Führungen für Schulklassen
Verstärktes Vermittlungsangebot für Schulen, individuell gestaltet für die jeweilige Schulstufe. Führungen durch alle Sonderausstellungen sowie die Schau- und Studiensammlung des MAK. Führungen zu Aspekten der angewandten Kunst: objektbezogen, material- und epochenspezifisch sowie Sonderthemen. Anmeldung erforderlich.

werden. Die Aufbereitung einzelner Themen, die Sammlungen des MAK und die Ausstellungen betreffend, für spezielle Altersgruppen bildet die Basis für monatliche Programme, wie MAK SENIOREN, MAK 4 FAMILY und MINI MAK. Mit der gleichen Intention werden eigene Programme für Schulen (von Volks- bis Fachhochschulen) und Universitäten entwickelt, die durch praktische Erfahrungen ergänzt werden. Alle diese thematischen Angebote stehen auch individuellen Interessenten und Gruppen gegen Voranmeldung zur Verfügung. Die Auseinandersetzung mit dem Objekt, seiner Entwicklungs-, Kultur- und Stilgeschichte soll dem Besucher zeigen, wie durch ein größeres Maß an Information durch einen erweiterten Kontext mehr Spannung in einem Museumsbesuch zu erfahren ist.

MINI MAK
MINI MAK, das Kinderprogramm des MAK, wendet sich an die jüngsten Museumsbesucher. Gemeinsam „entdecken, erforschen und kommentieren" wir die Sammlungen und die Ausstel-

MAK zum Nulltarif
Freier Eintritt am 26. Oktober
(Nationalfeiertag, Tag der offenen
Türen) und 24. Dezember.
Jeden Samstag© Eintritt frei.

Über die wöchentlichen Fixtermine
hinaus bietet das MAK jederzeit
individuelle Führungen auf An-
frage. Sprachen, Themen und
Personenanzahl richten sich nach
den Wünschen der Besucher.
Anmeldung erforderlich.

Information: Tel. (+43-1) 711 36-248
(Di – So 10.00 – 18.00 Uhr)
Anmeldung:
Gabriele Fabiankowitsch
Tel. (+43-1) 711 36-298
(Mo – Fr 10.00 – 16.00 Uhr)
Fax (+43-1) 711 36-388
E-Mail: education@MAK.at

MAK-BUCHHANDLUNG
Publikationen zu zeitgenössischer
Kunst, Architektur und Design
sind die Spezialitäten. Eingang:
Stubenring 5, 1010 Wien
Öffnungszeiten:
Di – So 10.00 – 18.00 Uhr

MAK-CAFÉ
Essen und Trinken in einem
unverwechselbaren, von
Hermann Czech gestalteten
Ambiente und Wiens schönstem
Gastgarten im Sommer!
Öffnungszeiten:
Di – So 10.00 – 2.00 Uhr,
Mo geschlossen
Tel. (+43-1) 714 01 21

MAK-DESIGN-INFO-POOL
Als Serviceleistung bietet der
MAK-Design-Info-Pool (DIP) eine
interaktive Bildschirminformation
für Museumsbesucher im MAK,
Informationsdienste im World
WideWeb:www.MAK.at/design
sowie Zielgruppenmailings und
Recherchen im Auftrag Dritter.
Information: Tel. (+43-1) 711 36-305
(Mo – Fr 13.00 – 17.00 Uhr)
E-Mail: design@MAK.at
www.MAK.at/design

MAK DESIGN SHOP
Things that count:
Diese Dinge sind so raffiniert,
dass man schwer wieder von
ihnen loskommt. Im MAK Design
Shop lassen sie sich kaufen:
Künstlereditionen, ausgewähltes
Design, Druckwerke, unbeschreib-
lich smarte Gadgets, Schmuck
und Accessoires für Büro, Freizeit
und Haushalt. Sogar am Sonntag.
Und jederzeit im Internet unter
www.makdesignshop.at

Zur Neudefinition des MAK Design
Shop: Eine Neugestaltung des MAK
Design Shop durch eine künstleri-
sche Intervention von **Vito Acconci**
(New York/USA) ist in Planung. Bis
zu deren Realisierung wird der
Shop in einer Art Laborsituation
geführt. (Stand 2002)

Ein Aquarium der Produkte
Eine schwebende Welt der Produk-
te. Von den beiden Schmalseiten
des Shops führt eine Glasrampe
einen verglasten Gang empor;
man geht an Produkten vorbei,
unter ihnen durch oder über sie
drüber – die Produkte, auf Glas-
regalen zur Schau gestellt, schwe-
ben um einen herum. Sie schwe-
ben aus dem Raum, sie schweben
draußen umher: Man tritt aus
dem Fenster, um die Produkte
aus der Luft zu fangen.
Vito Acconci, 1999

MAK Design Shop

Vito Acconci, Projekt für den neuen MAK Design Shop
2001

Öffnungszeiten:
Di 10.00 – 24.00 Uhr, Mi – So
10.00 – 18.00 Uhr
Information: Tel. (+43-1) 711 36-228
Fax (+43-1) 711 36-213
E-Mail: designshop@MAK.at
Online-Bestellung:
www.makdesignshop.at

MAK-LESESAAL

Im Zuge der Generalsanierung und
des Umbaus des MAK wurde durch
Einziehen einer Decke ein neuer
Lesesaal geschaffen; die Einrich-
tung stammt von den Designern
Ursula Aichwalder und
Hermann Strobl. Dieser öffent-
lich zugängliche Studiensaal
ermöglicht die Benutzung der
Bestände. Der historische wie

MAK NITE°, networking red hall, thomas j. hauck und sabine kaeser (das archiv)
2002

auch aktuelle Bestand stehen nunmehr auch auf elektronischem Weg via Internet unter www.MAK.at/service dem Publikum zur Verfügung. Die über das Web recherchierten Bücher können während der Öffnungszeiten im Lesesaal bestellt und sofort eingesehen werden. Hier stehen den Besuchern im Freihandbereich eine Vielzahl aktueller Fachzeitschriften, Lexika und Kunstführer sowie moderne Laptop-Arbeitsplätze und die Datenbank des MAK-Design-Info-Pool zur Verfügung. Farbkopien, Scans und Fotos können in Auftrag gegeben werden. Nach Terminvereinbarung, telefonisch oder unter library@MAK.at, ist die Benutzung der Kunstblätter-

sammlung sowie die wissenschaftliche Auskunfterteilung kurzfristig möglich. Dadurch hat sich die Bibliothek des MAK mit dem 1993 neu eröffneten Lesesaal zusehends als ein Zentrum des Dialogs und der Informationsvermittlung etabliert.

Öffnungszeiten:
Di – So 10.00 – 18.00 Uhr,
Mo geschlossen
Bestandskatalog unter:
www.MAK.at/service
Benützung der Kunstblätter-
sammlung und wissenschaftliche
Auskünfte gegen Voranmeldung:
Tel. (+43-1) 711 36-259
Fax (+43-1) 711 36-222
E-Mail: library@MAK.at

MAK-Lounge

MAK-LOUNGE
FOR MARS MEMBERS ONLY
Information: Michaela Hartig
Tel. (+43-1) 711 36-206
Fax (+43-1) 711 36-213
E-Mail: makartsociety@MAK.at

MAK NITE©: JEDEN DIENSTAG VON 10.00 – 24.00 UHR

Die MAK NITE©, eine wöchentlich stattfindende Veranstaltungsreihe des MAK, fungiert als Laboratorium für unterschiedliche aktualitätsbezogene künstlerische Positionen und Präsentationen. Als spartenübergreifende Veranstaltungsreihe subsumiert die MAK NITE© neben ausstellungsbezogenem Rahmenprogramm Architektur/Design, Künstlerperformances, Musik und Mode. Dabei stehen künstlerische Interventionen im Vordergrund, die der Komplexität des Ortes und des Raumes gerecht werden. Die MAK NITE© bietet neben Führungen durch das MAK und die Ausstellungen allen Kunstinteressierten ein umfangreiches Programm. Vorgestellt werden Architekten und Designer, die in Kollektiven arbeiten und stellvertretend für das komplexe Beziehungsgeflecht zwischen Architektur, Design und Kunst stehen. Darüber hinaus werden Buchvorstellungen, Lesungen und Künstlergespräche geboten. Präsentiert werden Musik-Projekte unterschiedlicher Genres, die sich durch eigenständige Variationen aktueller Musikformen auszeichnen. Fortgesetzt wird die von der Öffentlichkeit mit großem Interesse aufgenommene MAK NITE© Fashionreihe, die der zeitgenössischen nationalen und internationalen Modeszene ein Forum im MAK bietet.

MAK-PUBLIKATIONEN
Siehe S. 239 und www.MAK.at

MAK-RESTAURIERUNG
Wir restaurieren für Sie! Im Rahmen von freien Kapazitäten übernehmen wir Ihre Aufträge.
Information:
Manfred Trummer,
Tel. (+43-1) 711 36-260
Fax (+43-1) 711 36-222

MAK-Säulenhalle

MAK-VERMIETUNGEN

Die repräsentativen Räume des
MAK wie die MAK-Säulenhalle,
der MAK-Vortragssaal oder die
MAK-Ausstellungshallen sind
beliebte Locations für Events.
Im Rahmen von MAK-Ausstel-
lungen und MAK-Veranstaltungen
werden Diners, Symposien und
Produktpräsentationen zum
unvergesslichen Erlebnis.

Information:
Irmtraut Hasenlechner
(Special Events)
Tel. (+43-1) 711 36-205
Fax (+43-1) 711 36-213
E-Mail:
commercial-events@MAK.at
www.MAK.at

MAK-Vortragssaal

MAK-Künstlerapartment
Design: Michael Embacher und Peter Noever, 1995

MAK-PUBLIKATIONEN

MAK-PUBLIKATIONEN SEIT 1986
(AUSWAHL)

Wiener Bauplätze. Verschollene Träume, angewandte Programme. Wien um 1986. Hrsg. Peter Noever. Wien: Löcker 1986, € 22,–

Josef Hoffmann, 1870–1956. Ornament zwischen Hoffnung und Verbrechen. Die Sammlungen des Österreichischen Museums für angewandte Kunst, der Hochschule für angewandte Kunst, Wien mit Objekten aus dem Historischen Museum der Stadt Wien. Hrsg. Peter Noever, Oswald Oberhuber. Österreichisches Museum für angewandte Kunst, Wien 1987. Salzburg: Residenz 1987, vergriffen

Alfons Schilling. Sehmaschinen. Hrsg. von der Hochschule für angewandte Kunst und dem Österreichischen Museum für angewandte Kunst. Wien: Seitenberg 1987, vergriffen

Kunst und Revolution. Russische und sowjetische Kunst 1910–1932. Verzeichnis der ausgestellten Werke. Hrsg. Peter Noever. Wien 1988, € 28,–

Rudofsky, Bernard: Sparta / Sybaris. Keine neue Bauweise, eine neue Lebensweise tut not. Salzburg, Wien: Residenz 1987, vergriffen

Tradition und Experiment. Das Österreichische Museum für angewandte Kunst. Hrsg. Peter Noever. Salzburg, Wien: Residenz 1988, € 15,–

Aktionsmalerei – Aktionismus, Wien 1960–1965. Hrsg. Peter Noever. Wien: Gesellschaft für Österreichische Kunst 1989, € 7,–

Carlo Scarpa. The Other City. Die andere Stadt. Die Arbeitsweise des Architekten am Beispiel der Grabanlage Brion in S. Vito D'Altivole. Hrsg. Peter Noever, Philippe Duboy. Berlin: Ernst 1989, vergriffen

Walter Pichler. Skulptur. Hrsg. Peter Noever. Wien: Residenz 1990, vergriffen

Architektur im AufBruch. Neun Positionen zum Dekonstruktivismus. Hrsg. Peter Noever. München: Prestel 1991, € 25,–

Donald Judd. Architektur. Hrsg. Peter Noever: Wien: MAK 1991, vergriffen

Alexander M. Rodtschenko, Warwara F. Stepanowa. Die Zukunft ist unser einziges Ziel ... Hrsg. Peter Noever. München: Prestel 1991, € 20,–

Josef Hoffmann Designs. Hrsg. Peter Noever. München: Prestel 1992, € 28,–

Magdalena Jetelová. Domestizierung einer Pyramide. Hrsg. Peter Noever: Wien: MAK 1992, € 10,–

Vito Acconci. The City Inside Us. Hrsg. Peter Noever. Wien: MAK 1993, € 20,–

Architektur am Ende? Manifeste und Diskussionsbeiträge zur Wiener Architekturkonferenz. Hrsg. Peter Noever. München: Prestel 1993, € 25,–

Tyrannei des Schönen. Architektur der Stalin-Zeit. Hrsg. Peter Noever. München, New York: Prestel 1994, € 25,–

Positionen zur Kunst. Positions in Art. Hrsg. Peter Noever. Wien: MAK; Ostfildern: Cantz 1994, € 14,–

Sergej Bugaev Afrika. Krimania. Hrsg. Peter Noever. Ostfildern: Cantz 1995, € 25,–

Roland Rainer. Vitale Urbanität. Wohnkultur und Stadtentwicklung. Wien, Köln, Weimar: Böhlau 1995, vergriffen

MAK Center for Art and Architecture. R. M. Schindler. Ed. Peter Noever. Munich, New York: Prestel 1995, € 5,–

Silent & Violent. Selected Artists' Editions. Ed. Peter Noever. Zurich: Parkett, Ostfildern. Cantz 1995, € 20,–

Chris Burden: Beyond the Limits. Jenseits der Grenzen. Hrsg. Peter Noever. Ostfildern: Cantz 1996, € 18,–

mäßig und gefräßig. Hrsg. MAK – Österreichisches Museum für angewandte Kunst. Mailand: Skira 1996, € 28,–

Architecture Again. The Havana Project. International conference on architecture, Havana, Cuba. Ed. Peter Noever. München, New York: Prestel 1996, € 23,–

Gabriele Fabiankowitsch, Christian Witt-Dörring: Genormte Fantasie. Zeichenunterricht für Tischler, Wien 1800–1840. Hrsg. Peter Noever. Wien, Köln, Weimar: Böhlau 1996, € 15,–

Angela Völker: Biedermeierstoffe. Die Sammlungen des MAK – Österreichisches Museum für angewandte Kunst, Wien und des Technischen Museums Wien. München, New York: Prestel 1996, € 20,–

Austria im Rosennetz. Eine Ausstellung von Harald Szeemann. Hrsg. Peter Noever, Gesellschaft für Österreichische Kunst im MAK, Wien, und Kunsthaus Zürich. Wien, New York: Springer 1996, € 29,–

Renate Allmayer-Beck, Susanne Baumgartner-Haindl, Marion Lindner-Gross, Christine Zwingl: Margarete Schütte-Lihotzky. Soziale Architektur. Zeitzeugin eines Jahrhunderts. Hrsg. Peter Noever, MAK. Wien, Köln, Weimar: Böhlau 1996, vergriffen

Philip Johnson: Turning Point. Hrsg. Peter Noever. Wien, New York: Springer 1996, € 20,–

japan today. Kunst, Fotografie, Design. Hrsg. Peter Noever. Wien: MAK 1997, € 14,–

Bruno Gironcoli. Die Ungeborenen. The Unbegotten. Hrsg. Peter Noever. Ostfildern: Hatje 1997, € 18,–

japan yesterday. Spuren und Objekte der Siebold-Reisen. Hrsg. Peter Noever, Gesellschaft für Österreichische Kunst im MAK, Wien. München, New York: Prestel 1997, € 22,–

Kunst im Abseits? Art in the Center. Zwei Gespräche zur documenta X. Hrsg. Peter Noever. Stuttgart: Cantz 1997, € 10,–

Christopher D. Roy: Kilengi. Afrikanische Skulpturen aus der Bareiss-Sammlung. Hrsg. Carl Haenlein, Kestner Gesellschaft. Hannover: Th. Schäfer 1997, € 35,–

Die Überwindung der Utilität. Dagobert Peche und die Wiener Werkstätte. Hrsg. Peter Noever. Ostfildern: Hatje 1998, € 25,–

Otto Muehl 7. Hrsg. Peter Noever. Ostfildern: Cantz 1998, € 20,–

out of actions. Zwischen Performance und Objekt, 1949–1979. Aktionismus, Body Art & Performance. Hrsg. Peter Noever. Ostfildern: Cantz 1998, € 50,–

Martin Kippenberger. The Last Stop West. Ed. Peter Noever. Ostfildern-Ruit: Cantz 1998, € 16,–

James Turrell. the other horizon. Hrsg. Peter Noever. Ostfildern: Cantz 1998, € 30,–

Visionary Clients for New Architecture. Ed. Peter Noever, München: Prestel 2000, € 21,–

Jannis Kounellis. Il sarcofago degli sposi. Hrsg. Peter Noever. Ostfildern: Hatje, Cantz 1999, € 21,–

Oswald Oberhuber. Geschriebene Bilder. Bis heute / Written pictures. Up until now. Hrsg. Peter Noever. Wien, New York: Springer 1999, € 23,–

Spielwerke. Musikautomaten des Biedermeier aus der Sammlung Sobek und dem MAK. Hrsg. Peter Noever. Wien: MAK 1999, € 23,–

Tony Birks: Lucie Rie. Gebrannte Erde.
Hrsg. Marston House. Somerset:
Marston House 1999, € 21,–

**Joseph Beuys. Editionen. Sammlung
Reinhard Schlegel.** Hrsg. Heiner
Bastian, Peter Noever. Bielefeld:
Tiemann 1999, Wien: MAK 2000, € 25,–

Richard Prince. The Girl Next Door.
Ed. Peter Noever. Ostfildern: Hatje
Cantz 2000, € 14,–

**Bruce Mau, André Lepecki: Stress.
Remembering the Body.** Hrsg. Gabriele
Brandstetter, Hortensia Völckers.
Ostfildern: Hatje Cantz 2000, € 28,–

**Kunst und Industrie. Die Anfänge des
Museums für angewandte Kunst in
Wien.** Hrsg. Peter Noever. Ostfildern:
Hatje Cantz 2000, € 25,–

**Peter Noever, Sepp Müller, Michael
Embacher: heaven's gift. CAT –
Contemporary Art Tower. A New
Programmatic Strategy for the
Presentation of Contemporary art.**
Ed. Peter Noever. Ostfildern: Hatje
Cantz 2000, € 14,–

Frederick J. Kiesler. Endless Space.
Hrsg. Dieter Bogner, Peter Noever.
Ostfildern-Ruit: Hatje Cantz 2001,
€ 28,–

**Cine Art. Indische Plakatmaler im
MAK. Indian poster painters at the
MAK.** Hrsg. Peter Noever. Wien: MAK
2001, € 20,–

Dennis Hopper. A System of Moments.
Hrsg. Peter Noever. Ostfildern-Ruit:
Hatje Cantz 2001, € 32,–

Joseph Binder. Wien – New York. Hrsg.
Peter Noever. Wien: MAK 2001, € 15,–

**Angela Völker: Die orientalischen
Knüpfteppiche im MAK – Österreichisches Museum für angewandte Kunst.**
Hrsg. Peter Noever. Wien: Böhlau 2001,
€ 95,–

das diskursive Museum. Hrsg. Peter
Noever/MAK. Ostfildern-Ruit: Hatje
Cantz 2001, € 18,–

Franz West. Gnadenlos. Merciless.
Hrsg. Peter Noever. Ostfildern-Ruit:
Hatje Cantz 2001, € 29,–

**R. M. Schindler. Architektur und
Experiment.** Hrsg. Elizabeth A. T.
Smith, Michael Darling. Ostfildern-
Ruit: Hatje Cantz 2001, € 43,–

**Richard Artschwager. The Hydraulic
Door Check.** Hrsg. Peter Noever. Köln:
Verlag der Buchhandlung Walther
König 2002, € 26,–

Ernst Deutsch-Dryden. En Vogue! Hrsg.
Peter Noever. Wien: MAK 2002, € 23,–

**Davaj! Russian Art Now. Aus dem
Laboratorium der freien Künste in
Russland.** Hrsg. Peter Noever, MAK,
Joachim Sartorius, Berliner Festspiele.
Ostfildern-Ruit: Hatje Cantz 2001,
€ 20,–

**Dagobert Peche and the Wiener
Werkstätte.** Hrsg. Peter Noever. Yale:
Yale University Press 2002, € 75.–

KÜNSTLER- UND PERSONENREGISTER

KÜNSTLER- UND PERSONENREGISTER

Die fett gedruckten Zahlen bezeichnen die Seiten, auf denen Werke des Künstlers (oder er selbst) zu finden sind, die anderen Zahlen die Seiten, auf denen der Name im Text vorkommt.

PLÄNE

+1 Erster Stock

A Foyer
B MAK-Vortragssaal
C MAK-Ausstellungshalle
D Design-Info-Pool
E 20./21. Jahrhundert Architektur (Manfred Wakolbinger)
F Jugendstil Art Déco (Eichinger oder Knechtl)
G Wiener Werkstätte (Heimo Zobernig)
H MAK-Lesesaal
I MAK-Kunstblättersaal

0 Erdgeschoß

A MAK-Ausstellungshalle
B MAK-Medienraum
C Romanik Gotik Renaissance (Günther Förg)
D Renaissance Barock Rokoko (Franz Graf)
E Barock Rokoko Klassizismus (Donald Judd)
F Orient (Gangart)
G Empire Biedermeier (Jenny Holzer)
H Historismus Jugendstil (Barbara Bloom)
I Buchhandlung im MAK
J MAK Design Shop
K MAK-Café
L MAK-Lounge

-1 Tiefgeschoß

A Sitzmöbel
B Keramik
C Glas
D Die Frankfurter Küche (Margarete Schütte-Lihotzky)
E Das Möbel im Blickpunkt
F MAK-Galerie
G Ostasien
H Textil
I Metall

Gegenwartskunst (Peter Noever) Zugang über 1. Stock **F**

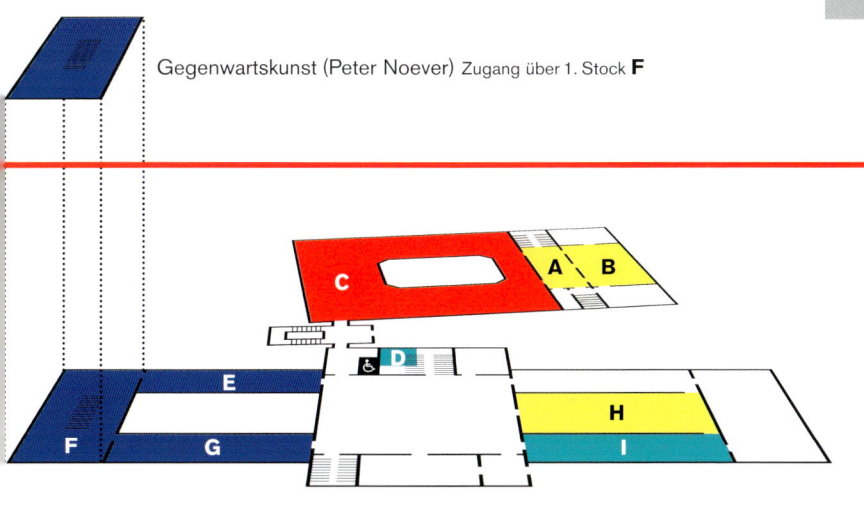

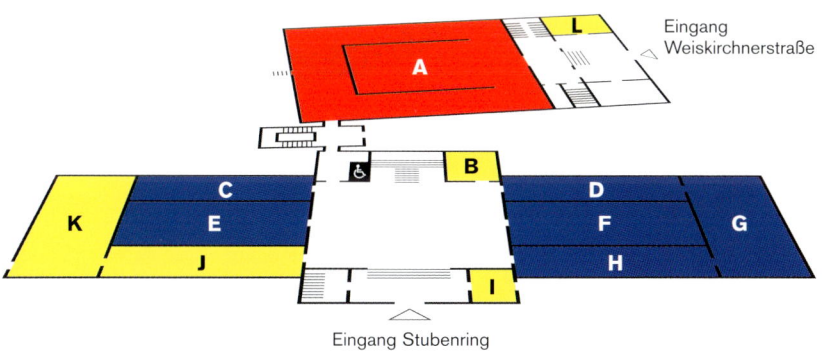

Eingang Weiskirchnerstraße

Eingang Stubenring

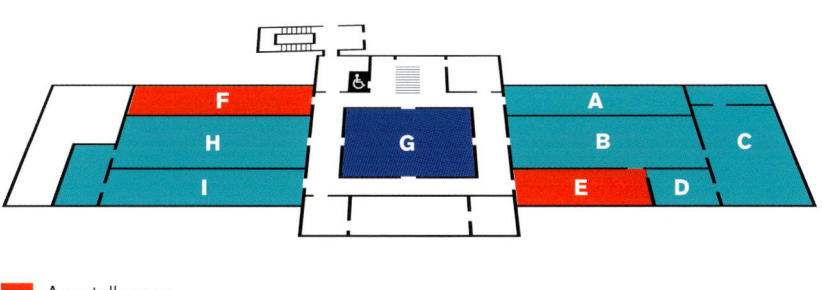

■ Ausstellungen
■ Schausammlung
■ Studiensammlung
■ Serviceräume des Museums

Krottenbachstraße

Billrothstraße

Döblinger Hauptstraße

Khevenhüllerstraße

5 41 A

Pötzleinsdorfer Straße

41

Nußdorfer Straße

Gersthofer Straße

Währinger

Spitalgasse

Alserstraße

1 Franz West, Vier Lemurenköpfe

2 Donald Judd, Stage Set

3 CAT – Contemporary Art Tower
Gegenwartskunstdepot
Gefechtsturm Arenbergpark

4 Philip Johnson, Wiener Trio

5 Geymüllerschlössel

◀ MAK Center for Art and Architecture,
Los Angeles

Mariahilferstraße

Wienzeile

Schottenring

Franz-Josefs-kai

4
U2, U4
Schottentor

Taborstraße

Praterstraße

Weißgerberlände

U3
Stubentor

Stubenring

MAK

1

U3, U4
Landstraße

U3
eater

Parkring

Weiskirchnerstraße

U4
Karlsplatz

2

U4
Stadtpark

U3
Rochusmarkt

Landstraßer Hauptstraße

3

Rennweg

Wiedner Hauptstraße

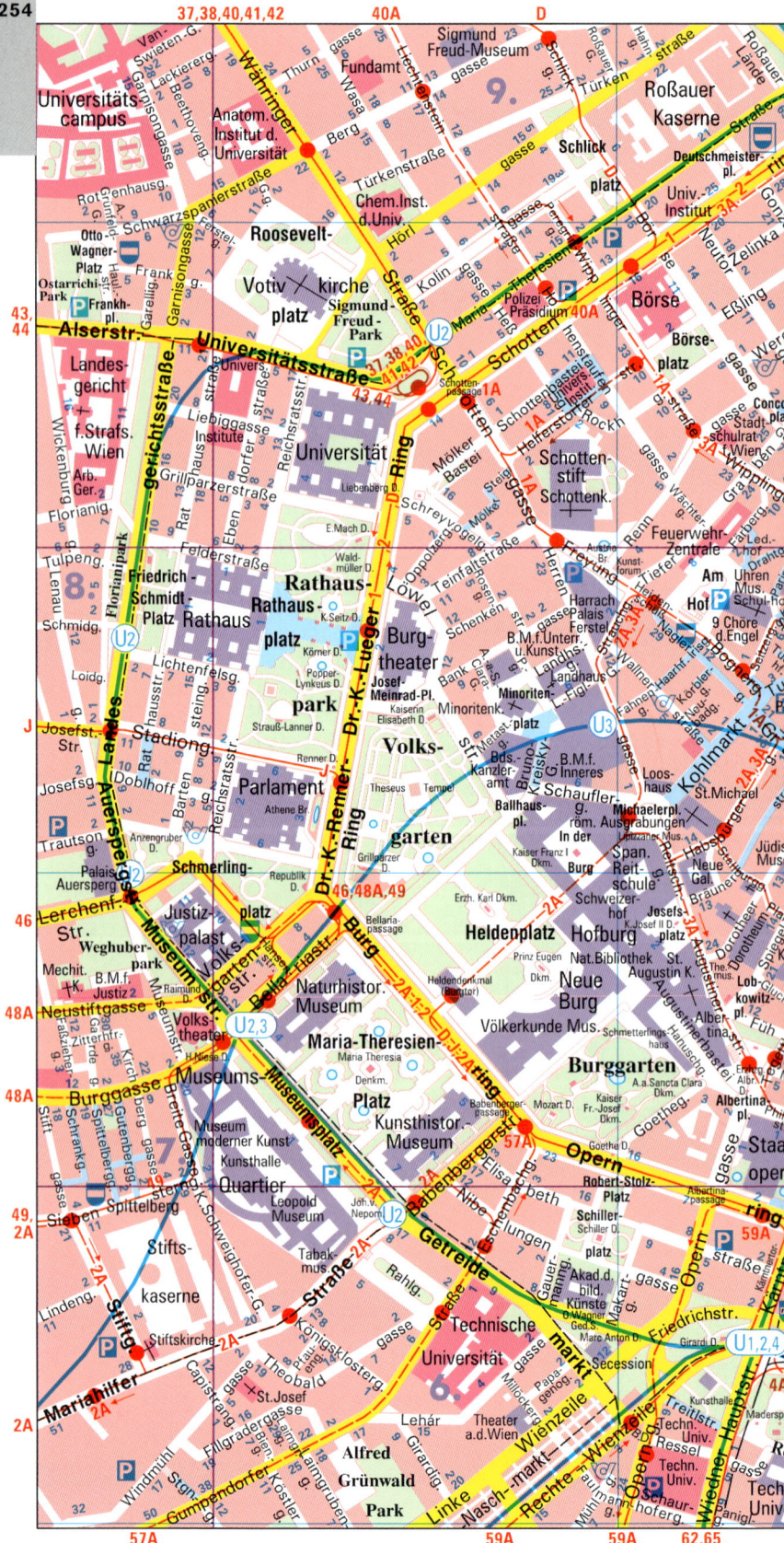

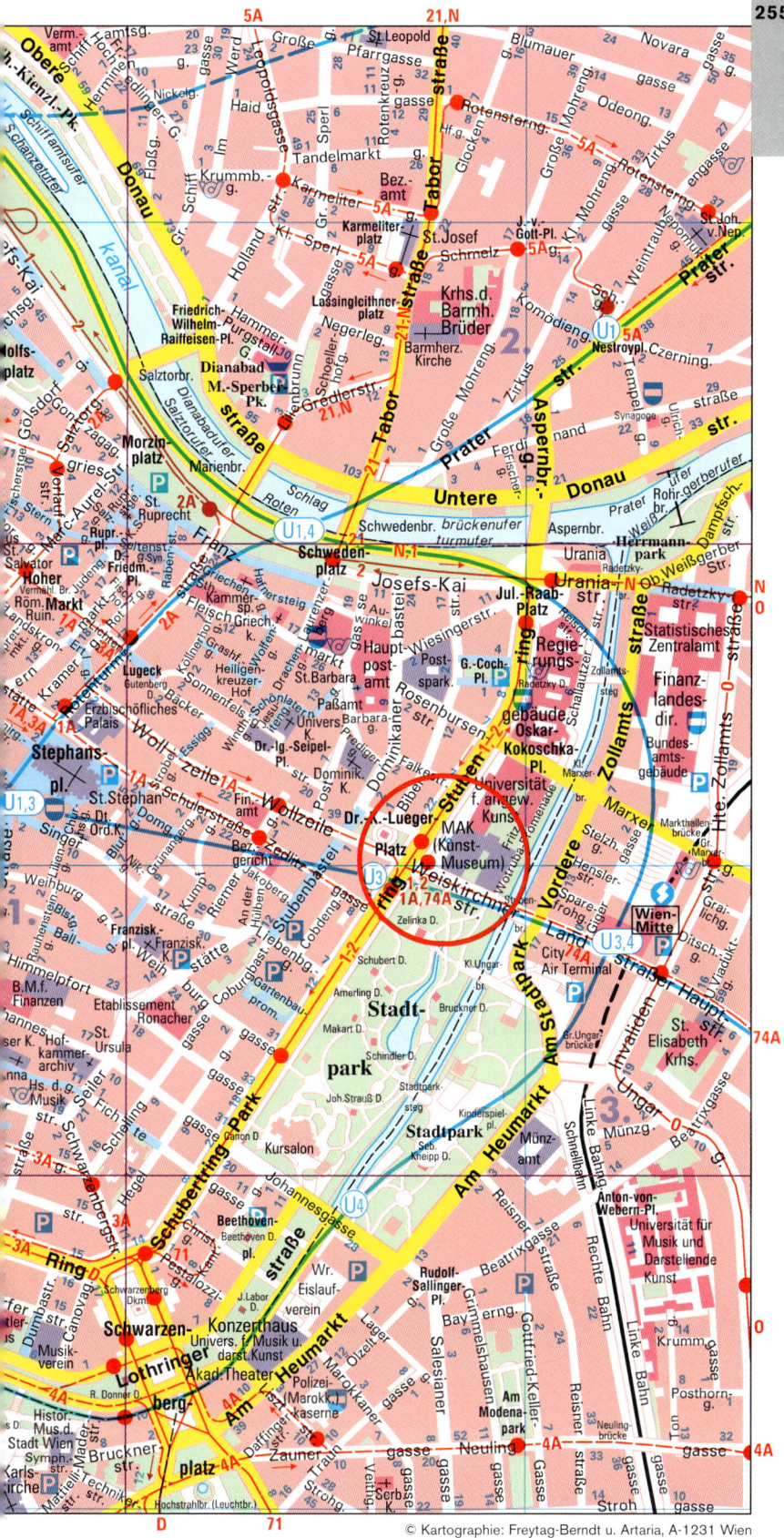

© Kartographie: Freytag-Berndt u. Artaria, A-1231 Wien

BILDNACHWEIS

Alle Fotos von Gerald Zugmann, mit Ausnahme von Lukas Beck (S. 186 rechts oben), Manfred Burger (S. 180 oben), Théodore Coulombe (S. 195), Herbert Fidler (S. 103, 193 unten), Freytag & Berndt (S. 254/255), Corinna Gab (S. 185 rechts oben), Pez Hejduk (S. 11, 185 links ganz oben), MAK/Andreas Krištof (S. 234), MAK/Georg Mayer (S. 12 oben, 72/73, 74, 75, 76/77, 117 unten, 133, 136, 137, 182 unten, 231, 233 oben), MAK/Manfred Trummer (S. 163), MAK/Ulf Wallin (S. 4, 186 rechts ganz oben), Peter Noever (176 unten), Steve Seleska (S. 135 oben, rechts unten), Margherita Spiluttini (S. 183), Rupert Steiner (Cover), Katharina Stögmüller (S. 181 oben, 184), Studio Acconci/MAK (S. 233 unten), Stefan Zeisler (S. 135 links unten), Laurent Ziegler (S. 185 links oben, unten, 186 unten, links oben, 187)